[Wissen für die Praxis]

Weiterführend empfehlen wir:

Das neue Mutterschutzgesetz
ISBN 978-3-8029-4092-7

Paare ohne Trauschein
ISBN 978-3-8029-3488-9

Der individuelle Ehevertrag
ISBN 978-3-8029-3489-6

Das aktuelle Scheidungsrecht
ISBN 978-3-8029-4088-0

SGB VIII – Kinder- und Jugendhilfe
ISBN 978-3-8029-7294-2

Wir freuen uns über Ihr Interesse an diesem Buch. Gerne stellen wir Ihnen zusätzliche Informationen zu diesem Programmsegment zur Verfügung.

Bitte sprechen Sie uns an:

E-Mail: WALHALLA@WALHALLA.de
http://www.WALHALLA.de

Walhalla Fachverlag · Haus an der Eisernen Brücke · 93042 Regensburg
Telefon 0941 5684-0 · Telefax 0941 5684-111

Horst Marburger

Mehr Geld für
Mütter und Väter

Elternzeit – Elterngeld – Kindergeld
Mutterschutz
Soziale Leistungen für Eltern

13., aktualisierte Auflage

WALHALLA Rechtshilfen

Bibliografische Information der Deutschen Nationalbibliothek
Die Deutsche Nationalbibliothek verzeichnet diese Publikation in der Deutschen Nationalbibliografie; detaillierte bibliografische Daten sind im Internet über http://dnb.dnb.de abrufbar.

Zitiervorschlag:
Horst Marburger, Mehr Geld für Mütter und Väter
Walhalla Fachverlag, Regensburg 2018

Hinweis: Unsere Werke sind stets bemüht, Sie nach bestem Wissen zu informieren. Alle Angaben in diesem Buch sind sorgfältig zusammengetragen und geprüft. Durch Neuerungen in der Gesetzgebung, Rechtsprechung sowie durch den Zeitablauf ergeben sich zwangsläufig Änderungen. Bitte haben Sie deshalb Verständnis dafür, dass wir für die Vollständigkeit und Richtigkeit des Inhalts keine Haftung übernehmen.
Bearbeitungsstand: Januar 2018

13., aktualisierte Auflage

© Walhalla u. Praetoria Verlag GmbH & Co. KG, Regensburg
Alle Rechte, insbesondere das Recht der Vervielfältigung und Verbreitung sowie der Übersetzung, vorbehalten. Kein Teil des Werkes darf in irgendeiner Form (durch Fotokopie, Datentransfer oder ein anderes Verfahren) ohne schriftliche Genehmigung des Verlages reproduziert oder unter Verwendung elektronischer Systeme gespeichert, verarbeitet, vervielfältigt oder verbreitet werden.
Produktion: Walhalla Fachverlag, 93042 Regensburg
Printed in Germany
ISBN 978-3-8029-4093-4

Schnellübersicht

Das steht Müttern und Vätern zu	7
Abkürzungen	11
Mutterschutz für Arbeitnehmerinnen	13
Geldleistungen von Arbeitgeber und Staat	47
Krankenkassenleistungen	59
Mutterschaftsgeld	85
Elterngeld	95
Elternzeit	117
Höhere Rentenansprüche	135
Recht auf Sozialhilfe	145
Kindergeld	149
So setzen Sie Ihre Interessen durch	161
Hilfreiche Adressen	165

12 Stichwortverzeichnis 185

Das steht Müttern und Vätern zu

Die Regelungen zum Nutzen von Mutter, Vater und Kind sind vielfältig und unübersichtlich. Deshalb ist es für Eltern sehr schwierig, alle Möglichkeiten, die die gesetzlichen Vorschriften bieten, zu kennen. Die Schaubilder auf den folgenden Seiten geben einen Einblick über die Komplexität der Leistungen für junge Familien.

Hier hilft der vorliegende Ratgeber weiter: Es werden nicht nur alle Leistungsansprüche aufgezeigt, die vor und nach der Entbindung zustehen. Erläutert wird auch, wo Mütter und Väter sich über diese Leistungen informieren und sie erfolgreich beantragen können.

Das Eltern- und Kindergeld sind Kernleistungen des Staates zur Förderung junger Familien. Sie werden ebenso ausführlich erläutert wie die Ansprüche auf die verschiedenen Modelle der Elternzeit.

Geldleistungen sind sowohl während der Schwangerschaft als auch in der gesamten Zeit der Mutter- bzw. Vaterschaft von besonderer Bedeutung. Wichtig sind aber auch weitergehende Ansprüche, beispielsweise:

- die Hilfe von Hebammen
- die Ansprüche Berufstätiger gegenüber ihrem Arbeitgeber
- Leistungen infolge der Schutzbestimmungen des Mutterschutzgesetzes
- der Anspruch auf einen Zuschuss des Arbeitgebers zum Mutterschaftsgeld

Nicht zu vergessen sind die sozialversicherungsrechtlichen Ansprüche, wie etwa die Leistungen der gesetzlichen Krankenversicherung. Bei den Rentenansprüchen ist insbesondere die Anrechnung von Kindererziehungszeiten bei der Berechnung der künftigen Rente hervorzuheben.

Ab 01.08.2013 konnte als neue Sozialleistung das sogenannte Betreuungsgeld in Anspruch genommen werden, wenn Eltern für ihre Kinder von ein bis drei Jahren keinen Krippenplatz, also keine Kindertagesstätte in Anspruch nehmen wollten, sondern diese zuhause selbst betreuen wollten. Das entsprechende Gesetz wurde aber im Juli 2015 vom Bundesverfassungsgericht für ungültig erklärt: Das Bundesbetreuungsgeld gibt es damit nicht mehr.

Das Gesetz zur Neuregelung des Mutterschutzrechts vom 23.05.2017 (BGBl. I S. 1228) hat das Mutterschutzrecht in wesentlichen Teilen neu geregelt. Als Artikel 1 enthält es das im Wesentlichen am 01.01.2018 in Kraft getretene Gesetz zum Schutz von Müttern bei der Arbeit, in der Ausbildung und im Studium (Mutterschutzgesetz – MuSchG). Dieses neue Mutterschutzgesetz löst das bisher geltende ab.

Zukünftigen Eltern fällt es bisweilen schwer, Behörden anzusprechen. Dieser Ratgeber macht Mut, sich auch bei Mittellosigkeit an die zuständigen Stellen zu wenden und ggf. Sozialhilfe zu beantragen. Wer seine Ansprüche kennt, kann sie bewusst und zielgerichtet beantragen.

Horst Marburger

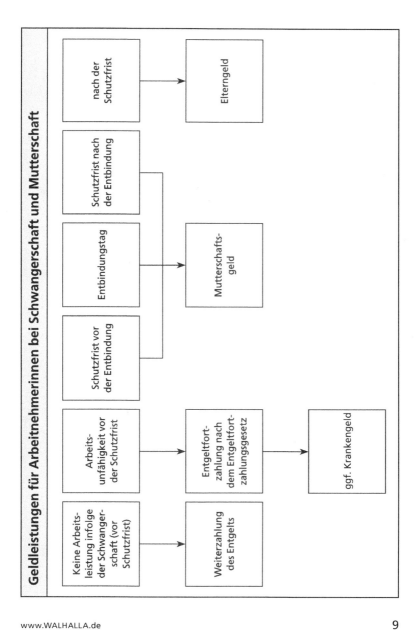

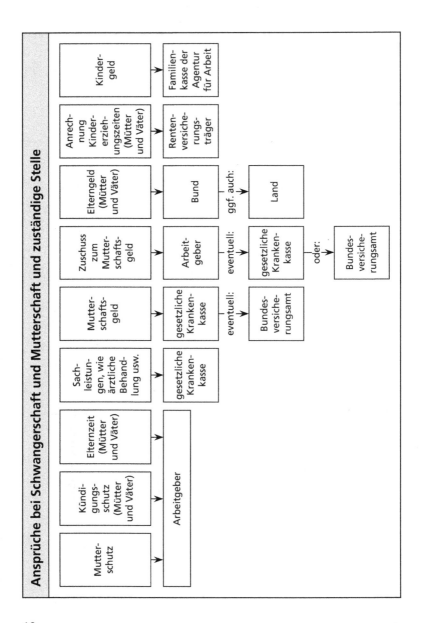

Abkürzungen

A- und B-Stelle	Auskunfts- und Beratungsstelle
Az.	Aktenzeichen
BAG	Bundesarbeitsgericht
BEEG	Bundeselterngeld- und Elternzeitgesetz
BFDG	Bundesfreiwilligendienstgesetz
BGB	Bürgerliches Gesetzbuch
BKGG	Bundeskindergeldgesetz
BSG	Bundessozialgericht
BSHG	Bundssozialhilfegesetz
BVA	Bundesversicherungsamt
EStG	Einkommensteuergesetz
EWR	Europäischer Wirtschaftsraum
GG	Grundgesetz
GKV	Gesetzliche Krankenversicherung
GKV-VSG	GKV-Versorgungsstärkungsgesetz
GKV-WSG	GKV-Wettbewerbsstärkungsgesetz
HebG	Hebammengesetz
KiZ	Kinderzuschlag
KVLG	Gesetz über die Krankenversicherung der Landwirte
MuSchG	Mutterschutzgesetz
PrävG	Präventionsgesetz
SGB I	Sozialgesetzbuch – Erstes Buch (Allgemeiner Teil)
SGB II	Sozialgesetzbuch – Zweites Buch (Grundsicherung für Arbeitsuchende)
SGB III	Sozialgesetzbuch – Drittes Buch (Arbeitsförderung)
SGB V	Sozialgesetzbuch – Fünftes Buch (Gesetzliche Krankenversicherung)
SGB VI	Sozialgesetzbuch – Sechstes Buch (Gesetzliche Rentenversicherung)
SGB VII	Sozialgesetzbuch – Siebtes Buch (Gesetzliche Unfallversicherung)
SGB VIII	Sozialgesetzbuch – Achtes Buch (Kinder- und Jugendhilfe)
SGB X	Sozialgesetzbuch – Zehntes Buch (Verwaltungsverfahren)

SGB XII	Sozialgesetzbuch Zwölftes Buch (Sozialhilfe)
SGG	Sozialgerichtsgesetz
UHVG	Unterhaltsvorschussgesetz

Mutterschutz für Arbeitnehmerinnen

Was bedeutet Mutterschutz?	14
Wer nicht vom Mutterschutzgesetz erfasst wird	21
Mitteilung der Schwangerschaft: Wann?	21
Beschäftigungsverbote	24
Schutzfristen	39
Besonderer Kündigungsschutz	42
Urlaubsansprüche	46

Was bedeutet Mutterschutz?

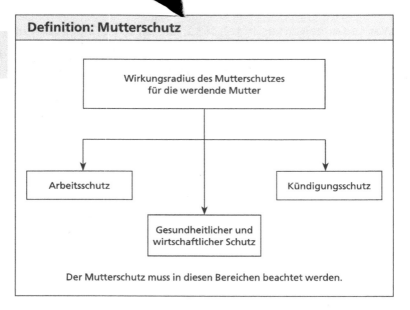

Der Mutterschutz muss in diesen Bereichen beachtet werden.

Der Arbeitsschutz sowie der gesundheitliche und wirtschaftliche Schutz stehen in enger Beziehung zueinander. Führt nämlich die betriebliche Tätigkeit zu einer Gefährdung der Gesundheit von Mutter und/oder Kind, sind Beschäftigungsverbote vorgesehen. Das bedeutet, dass die Frau ihrer Arbeit nicht mehr nachgehen kann. Der gesundheitliche Schutz führt dazu, dass während dieser Beschäftigungsverbote keine Verdiensteinbußen auftreten.

Das Mutterschutzgesetz gilt für jede Arbeitnehmerin!

Das Mutterschutzgesetz (MuSchG) ist kein Gesetz der Sozialversicherung. Vielmehr gehört es dem Arbeitsrecht an. Das bedeutet, dass es für Arbeitnehmerinnen gilt. Sein Wirkungsbereich erstreckt sich auch auf Heimarbeiterinnen und ihnen Gleichgestellte.

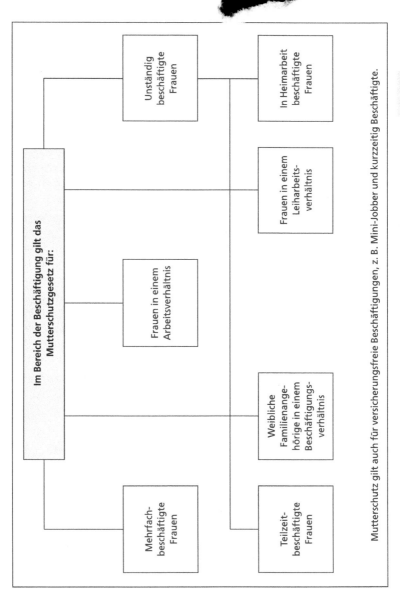

Mutterschutz ~~für~~ ~~~~innen

1

Grundsätzlich ist es gleichgültig, welchen Umfang eine Beschäftigung hat, um vom Mutterschutzgesetz erfasst zu werden. Das bedeutet, dass auch teilzeitbeschäftigte Frauen Anspruch nach dem Mutterschutzgesetz haben. Dabei spielt es keine Rolle, ob ein Beschäftigungsverhältnis der Sozialversicherung unterliegt.

Auch Frauen, die sich in einem sogenannten geringfügigen Beschäftigungsverhältnis befinden, haben Ansprüche nach dem Mutterschutzgesetz.

Diese Ansprüche richten sich in erster Linie gegen den Arbeitgeber. Hat eine Frau mehrere Beschäftigungsverhältnisse, bestehen die Ansprüche aus dem Mutterschutzgesetz gegen alle ihre Arbeitgeber.

Das gilt auch, wenn beispielsweise ein Beschäftigungsverhältnis (Hauptbeschäftigung) der Sozialversicherungspflicht unterliegt, die anderen Beschäftigungsverhältnisse aber wegen Geringfügigkeit bzw. Befreiung in der Rentenversicherung versicherungsfrei sind (sog. Mini-Job).

Wichtig: Der Mutterschutz gilt auch für Frauen in einem Leiharbeitsverhältnis. Die Beschäftigungsverbote müssen vom Entleiher beachtet werden. Soweit Ansprüche gegen den Arbeitgeber auf die Zahlung von Entgelt bestehen, ist dagegen der Verleiher, der nach dem Gesetz als Arbeitgeber anzusehen ist, leistungspflichtig.

Auch für unständig Beschäftigte gilt das Mutterschutzgesetz. Unständig ist eine Beschäftigung, die auf weniger als eine Woche entweder

- infolge ihrer Eigenart oder
- im Voraus aufgrund des Arbeitsvertrags beschränkt ist.

Unständige Beschäftigungen liegen beispielsweise bei Hausschneiderinnen und Krankenschwestern mit Privatpflege vor.

> **Praxis-Tipp:**
> Für Frauen in einem Probearbeitsverhältnis oder Frauen, die zur Aushilfe tätig sind, gilt das Mutterschutzgesetz ebenfalls.

Was bedeutet Mutterschutz?

Auch das mittelbare Arbeitsverhältnis wird durch das Mutterschutzgesetz erfasst. Hier erhält der mittelbare Arbeitgeber (z. B. ein Hausmeister) eine Vergütung, aus der er selbst Arbeitnehmer (z. B. Reinemachefrauen) bezahlt. Diese Arbeitnehmer stellt er selbst ein, fungiert somit als Arbeitgeber, obwohl er ebenfalls als Arbeitnehmer (etwa gegenüber der Schulbehörde) tätig ist.

Wichtig: Eine Beschäftigung bei einem Familienangehörigen kann ebenfalls ein Beschäftigungsverhältnis im Sinne des Mutterschutzgesetzes darstellen. Voraussetzung ist allerdings, dass

- ein regulärer Arbeitsvertrag abgeschlossen wurde,
- die Arbeit tatsächlich ausgeübt wird,
- die Arbeitnehmerin leistungsgerecht bezahlt wird und
- die Lohnkosten als Betriebsausgaben verbucht werden.

Es wurde bereits erwähnt, dass das Mutterschutzgesetz auch für die in Heimarbeit beschäftigten Frauen und ihnen Gleichgestellte gilt. Maßgebend sind hier die Vorschriften des Heimarbeitsgesetzes. Die Einbeziehung der Heimarbeiterinnen und ihnen Gleichgestellter in den Geltungsbereich des Mutterschutzgesetzes ist kein Verstoß gegen den Grundsatz, dass lediglich Arbeitnehmerinnen anzusprechen sind.

Vielmehr werden Heimarbeiterinnen und ihnen Gleichgestellte als arbeitnehmergleiche Personen angesehen und in Bezug auf den Mutterschutz den Arbeitnehmerinnen weitgehend gleichgestellt.

Praxis-Tipp:
Darüber hinaus gilt das Mutterschutzgesetz für:

- Auszubildende
- Anlernlinge
- Umschülerinnen
- Volontärinnen

Das bedeutet, dass es selbst für Frauen gilt, die, ohne als Auszubildende angenommen zu sein, zum Zweck ihrer Ausbildung unentgeltliche und kaufmännische Dienste leisten.

Mutterschutz für Arbeitnehmerinnen

Auch für Praktikantinnen und Medizinalassistentinnen gilt das Mutterschutzgesetz. Auf Beschäftigte bei den Stationierungsstreitkräften sowie auf Arbeitnehmerinnen der Bundeswehr findet das Mutterschutzgesetz ebenfalls Anwendung. Für Soldatinnen gelten jedoch besondere Vorschriften.

Die Bestimmungen des Mutterschutzgesetzes gelten für alle Arbeitsstätten, in denen

- Arbeitnehmerinnen
- Hausgewerbetreibende
- Heimarbeiterinnen oder ihnen Gleichgestellte

beschäftigt werden. Arbeitsstätten in diesem Sinne sind alle Betriebe und Verwaltungen in

- Industrie
- Handel
- Handwerk
- Landwirtschaft

sowie in allen anderen Zweigen des Wirtschaftslebens einschließlich der freien Berufe und der Familienhaushalte.

Dazu zählen auch Verwaltungen und Betriebe des öffentlichen Dienstes. Das gilt allerdings nur, soweit Frauen aufgrund privatrechtlicher Arbeitsverhältnisse beschäftigt sind.

Wichtig: Auf Beamtinnen ist das Mutterschutzgesetz nicht anzuwenden. Hier gilt besonderes Recht, auf das allerdings nicht näher eingegangen werden soll.

Wird ein freiwilliges soziales oder ein freiwilliges ökologisches Jahr abgeleistet, gilt das Mutterschutzgesetz genauso wie bei Anwendung des Bundesfreiwilligendienstgesetzes (BFDG).

Das Gesetz gilt auch für Frauen, die im Bundesgebiet bei Zweigstellen ausländischer Unternehmen, bei diplomatischen Vertretungen, Konsulaten oder bei sonstigen ausländischen Stellen oder deren Angehörigen beschäftigt sind.

Wohnt eine Frau zwar im Bundesgebiet, ist aber im Ausland beschäftigt, gilt das Mutterschutzgesetz nicht. Es gilt jedoch, wenn ausländische Grenzgängerinnen in einem in der Bundesrepublik gelegenen Betrieb beschäftigt werden.

Weist ein Arbeitgeber einer Mitarbeiterin vorübergehend eine Tätigkeit im Ausland zu, die sich als unselbstständige Fortsetzung des inländischen Betriebs darstellt, unterliegt dieses Beschäftigungsverhältnis der deutschen Sozial- und Arbeitslosenversicherung. Außerdem muss das Mutterschutzgesetz angewandt werden.

Wie bereits erwähnt, ist für die Anwendung des Mutterschutzgesetzes allein entscheidend, ob ein Arbeitsverhältnis im Sinne des Arbeitsrechts vorhanden ist und nicht, ob ein solches im Rahmen des Sozialversicherungsrechts vorliegt.

Ist eine Arbeitnehmerin beispielsweise privat krankenversichert, weil ihr Entgelt die Jahresarbeitsentgeltgrenze übersteigt, ändert dies an der Anwendbarkeit des Mutterschutzgesetzes nichts. Das Mutterschutzgesetz gilt auch für schwerbehinderte Frauen.

Die Entgelthöhe ist im Übrigen absolut bedeutungslos. Kriterium des Arbeitsverhältnisses ist die wirtschaftliche und persönliche Abhängigkeit der Beschäftigten. Entscheidend ist, ob die Beschäftigte dem Direktionsrecht eines Arbeitgebers unterliegt.

Weitere Personengruppen

Nach § 2 Abs. 2 Satz 2 MuSchG gilt das Gesetz – unabhängig davon, ob ein Beschäftigungsverhältnis im vorstehend geschilderten Sinne vorliegt – auch für:

- Frauen, die wegen ihrer wirtschaftlichen Unselbstständigkeit als arbeitnehmerähnliche Personen anzusehen sind. Die leistungsrechtlichen Regelungen (Mutterschutzlohn, Mutterschaftsgeld, Zuschuss zum Mutterschaftsgeld) finden hier keine Anwendung, da Art und Umfang der sozialen Absicherung in der Entscheidung der selbstständigen, erwerbstätigen Frauen liegen. Anspruch auf Mutterschaftsgeld besteht für diese Frauen, soweit sie (freiwilliges) Mitglied einer gesetzlichen Krankenkasse sind und bei Arbeitsunfähigkeit Anspruch auf Krankengeld haben.

Mutterschutz für Arbeitnehmerinnen

- Schülerinnen und Studentinnen, soweit die Ausbildungsstelle Ort, Zeit und Ablauf der Ausbildungsgestaltung verpflichtend vorgibt oder die ein im Rahmen der schulischen oder hochschulischen Ausbildung verpflichtend vorgegebenes Praktikum ableisten. Das gilt allerdings mit der Maßgabe, dass die Vorschriften über den Kündigungsschutz (vgl. Seite 42) sowie über die Geldleistungen (vgl. Seite 47) nicht anzuwenden sind.

In der Begründung zum Mutterschutzgesetz wird zum Personenkreis der Schülerinnen und Studentinnen hingewiesen, dass in diesen Fällen der Person oder Einrichtung, mit der das Ausbildungsverhältnis besteht, die gleiche Verantwortlichkeit zuzuweisen ist, wie einem Arbeitgeber. Als Begründung wird ausgeführt, dass die Person oder Einrichtung durch die Gestaltung der Ausbildungsbedingungen das mögliche mutterschutzrechtliche Gefährdungspotenzial maßgeblich beeinflusst. Dementsprechend hat sie in diesem Rahmen wie ein Arbeitgeber die Einhaltung der mutterschutzrechtlichen Vorgaben sicherzustellen und eine entsprechende Gefährdungsbeurteilung zu erstellen (vgl. Seite 28). Sie muss in gleicher Weise dafür Sorge tragen, dass die Schülerinnen oder Studentinnen in den von ihr gestalteten Arbeits- und Verfahrensabläufen keinen unverantwortbaren Gefährdungen (vgl. Seite 29) ausgesetzt sind oder sein können.

Dabei soll der jeweiligen Schülerin oder Studentin grundsätzlich – soweit dies verantwortbar ist – auch in der Schwangerschaft und in der Stillzeit die Fortsetzung der Ausbildung ermöglicht werden. Nachteile aufgrund der Schwangerschaft, der Entbindung und der Stillzeit sind zu vermeiden oder sollen ausgeglichen werden (z. B. Ersatztermine für das Ablegen von Prüfungsleistungen).

Soweit Schülerinnen oder Studentinnen im Wesentlichen frei darüber bestimmen können, ob und in welcher Weise sie bestimmte Tätigkeiten im Rahmen ihrer Ausbildung vornehmen (z. B. Bibliotheksbesuche oder Teilnahme an freien Vorlesungs- oder Sportangeboten), sind sie hingegen nicht in verpflichtend vorgegebene Arbeits- und Verfahrensabläufe eingebunden. Insoweit finden die mutterschutzrechtlichen Regelungen keine Anwendung. Die Person oder Einrichtung, mit der das Ausbildungsverhältnis besteht und die die entsprechenden Angebote vorhält, trifft insoweit keine Verantwortlichkeit, die über die allgemein geltenden Schutzpflichten (z. B. Verkehrssicherungspflichten) hinausgehen.

Werden Schülerinnen oder Studentinnen bereits durch bereichsspezifische Arbeitsschutzbestimmungen (z. B. Strahlenschutz- oder Röntgenschutzverordnung) erfasst, sind – wie auch nach bisheriger Rechtslage – zuzätzlich die Regelungen zum Mutterschutz zu berücksichtigen. Diese Regelungen gehen vor, soweit in den bereichsspezifischen Regelungen der Umstand der besonderen Schutzbedürftigkeit während der Schwangerschaft oder nach der Entbindung nicht berücksichtigt wird.

Wer nicht vom Mutterschutzgesetz erfasst wird

Das Mutterschutzgesetz gilt nicht für:

- Hausfrauen, die als Ehefrauen ihren Haushalt führen, soweit sie nicht etwa gleichzeitig Arbeitnehmerinnen sind
- Beamtinnen auf Lebenszeit, auf Zeit, auf Probe, auf Widerruf und Ehrenbeamtinnen
- mithelfende Familienangehörige, die ihre Arbeit im Rahmen familienrechtlicher Verpflichtung verrichten, das heißt, bei denen kein Arbeitsverhältnis vorliegt
- Frauen in unfreier Arbeit, zum Beispiel Strafgefangene, Fürsorgezöglinge innerhalb der Anstalten
- sogenannte Hausschwangere, die in einem Entbindungsheim Hausarbeiten verrichten und dafür kostenlos unterhalten und entbunden werden
- Frauen, die aus Gefälligkeit, Nachbarschaftshilfe oder Nächstenliebe tätig sind

Mitteilung der Schwangerschaft: Wann?

Die Arbeitnehmerin ist nicht verpflichtet, den Arbeitgeber zu einem bestimmten Zeitpunkt über ihre Schwangerschaft in Kenntnis zu setzen. Auf Schutzbestimmungen des Mutterschutzgesetzes kann sie sich aber nur berufen, wenn der Arbeitgeber über die Schwangerschaft informiert ist.

Mutterschutz für Arbeitnehmerinnen

Das Mutterschutzgesetz schreibt vor, dass werdende Mütter dem Arbeitgeber ihre Schwangerschaft und den mutmaßlichen Tag der Entbindung mitteilen sollen, sobald ihnen ihr Zustand bekannt ist.

Wichtig: Der Arbeitgeber kann die Mitteilung nicht erzwingen. Nach allgemeiner Auffassung handelt es sich bei der gesetzlichen Regelung nur um eine „nachdrückliche Empfehlung" im Interesse der werdenden Mutter und des erwarteten Kindes. Deshalb ist die Nichtbeachtung der Mitteilungspflicht nicht unter Strafe gestellt.

Entsteht dem Arbeitgeber allerdings durch eine unterbliebene oder eine verspätete Mitteilung ein Schaden, kann er Schadensersatz von der werdenden Mutter verlangen.

Beispiel:
Eine Arbeitnehmerin teilt ihre Schwangerschaft erst bei Beginn der Schutzfrist vor der Entbindung mit. Da sie auf einer Nebenstelle des Betriebs beschäftigt war, wurde ihr Zustand vorher nicht bemerkt. Dem Arbeitgeber ist es aufgrund der späten Meldung nicht mehr möglich, eine Ersatzkraft für diese Nebenstelle zu bekommen. Er muss die Stelle für einige Zeit schließen. Dadurch entstehen ihm Verluste. Hier droht der Arbeitnehmerin ein Schadensersatzanspruch.

Praxis-Tipp:
Teilen Sie die Schwangerschaft dem Arbeitgeber frühzeitig mit. In der Praxis wird als Zeitpunkt allgemein der dritte Schwangerschaftsmonat angesehen. Sind allerdings Maßnahmen des Arbeitgebers (z. B. hinsichtlich des Arbeitsplatzes) früher notwendig, ist auch eine frühere Mitteilung erforderlich.

Die Sollbestimmung über die Mitteilung der Schwangerschaft gilt nur für Frauen, die in einem Arbeitsverhältnis stehen. Heimarbeiterinnen sollen die Mitteilung dem Auftraggeber oder Zwischenmeister vorlegen.

Eine Form für die Mitteilung ist nicht vorgeschrieben. Sie kann deshalb mündlich oder schriftlich erfolgen.

Mitteilung der Schwangerschaft: Wann?

Die Mitteilung wird im Allgemeinen an den Arbeitgeber oder den von ihm bestimmten Dienstvorgesetzten der Schwangeren gerichtet sein. Bei größeren Betrieben ist meist die Personalabteilung zuständig.

Wichtig: Es reicht nicht aus, die Mitteilung an Vorarbeiter, Arbeitskollegen oder Betriebsratsmitglieder (Personalratsmitglieder) zu richten. Allerdings können solche Personen von der Schwangeren beauftragt werden, die Mitteilung vorzunehmen.

Mitteilungen Dritter ohne Auftrag der Schwangeren sind zwar keine Mitteilungen im Sinne des Mutterschutzgesetzes, sie können aber bei hinreichender Sicherheit dem Arbeitgeber die Kenntnis von einer bestehenden Schwangerschaft vermitteln, so dass er die Vorschriften des Mutterschutzes beachten muss.

Die Mitteilung ist nicht schon dann vorzunehmen, wenn die Frau eine Schwangerschaft „ahnt" oder „vermutet". Die Frau wird sich allerdings zur Wahrung ihrer Rechte um die Gewissheit einer Schwangerschaft bemühen müssen. Für krankenversicherte Frauen entstehen bei einer entsprechenden ärztlichen Untersuchung keine Kosten.

Behauptet eine Arbeitnehmerin, sie sei schwanger, kann der Arbeitgeber die Vorlage eines Zeugnisses verlangen. Allerdings enthält das Gesetz auch hier nur eine Sollbestimmung: Die Schwangere soll auf Verlangen des Arbeitgebers das Zeugnis eines Arztes oder einer Hebamme vorlegen.

Der Arbeitgeber muss die mutterschutzrechtlichen Verpflichtungen auch beachten, wenn er kein Zeugnis verlangt hat.

Die Kosten für dieses Zeugnis hat der Arbeitgeber zu tragen. Dazu gehören auch die Kosten der entsprechenden ärztlichen Untersuchung. Bei krankenversicherten Frauen werden in der Regel die Kosten des Zeugnisses von der gesetzlichen Krankenkasse übernommen. In einem solchen Fall entfällt die Kostenverpflichtung des Arbeitgebers.

Der Arbeitgeber darf die Mitteilung der werdenden Mutter Dritten nicht unbefugt bekannt geben. „Befugt" ist die Bekanntgabe, wenn die Frau einverstanden ist. Innerbetrieblich kann der Arbeitgeber die Betriebsangehörigen unterrichten, die er mit der

Mutterschutz für Arbeitnehmerinnen

Durchführung des Mutterschutzes betraut hat (Personalabteilung, Dienstvorgesetzte, Werksarzt, Werkfürsorge).

Wichtig: Der Arbeitgeber ist verpflichtet, dem Betriebsrat (Personalrat) alle ihm bekannt werdenden Fälle der Schwangerschaft von Arbeitnehmerinnen unaufgefordert mitzuteilen (nach vorheriger Einwilligung der Schwangeren). Eine solche Mitteilung ist erforderlich, damit der Betriebs- oder Personalrat seine Aufgaben in Bezug auf den Mutterschutz durchführen kann.

Beschäftigungsverbote

Individuelle Beschäftigungsverbote

Werdende Mütter dürfen nicht beschäftigt werden, soweit nach ärztlichem Attest Leben oder Gesundheit von Mutter und/oder Kind bei Fortdauer der Beschäftigung gefährdet sind.

Entsprechend dem ärztlichen Befund ist dem Arbeitgeber jede Beschäftigung der Arbeitnehmerin untersagt (totales Verbot) oder es dürfen nur bestimmte Beschäftigungen oder eine bestimmte Stundenzahl der Beschäftigung hinaus erfolgen (partielles Beschäftigungsverbot).

Die Arbeitnehmerin muss sich ggf. eine Umsetzung innerhalb des Betriebs gefallen lassen, wenn dadurch eine mögliche Gefährdung ausgeschlossen wird. Die der Frau zugewiesene Arbeit muss aber zumutbar sein. Eine Beschäftigung der werdenden Mutter darf bei entsprechendem ärztlichen Zeugnis auch nicht mit ihrem Einverständnis erfolgen.

Wichtig: Damit das Beschäftigungsverbot des Mutterschutzgesetzes greifen kann, ist die Vorlage eines ärztlichen Attests erforderlich. Die Kosten hierfür gehen zulasten der Frau. Aus dem Zeugnis muss der Arbeitgeber erkennen können, ob und in welchem Umfang aus der bisherigen Tätigkeit der Schwangeren eine Gefährdung zu befürchten ist. Entspricht das Zeugnis diesem Zweck nicht, kann der Arbeitgeber eine nochmalige ärztliche Untersuchung verlangen. Dafür kann er jedoch keinen bestimmten Arzt (Werksarzt) vorschreiben.

Beschäftigungsverbote

Für das zweite Attest hat der Arbeitgeber die Kosten zu tragen. Allerdings muss mithilfe der Untersuchung, die der Bescheinigung zugrunde liegt, keine absolute Gewissheit über das Bestehen einer Schwangerschaft erbracht werden. Es genügt ein so hoher Grad von Wahrscheinlichkeit, der nach dem Stand der medizinischen Wissenschaft und den Erfahrungen des Lebens der Gewissheit gleichkommt.

Nach Auffassung des Bundesarbeitsgerichts (BAG) in seinem Urteil vom 31.07.1996 (Az. 5 AZR 474/95) kommt einem ärztlichen Beschäftigungsverbot ein hoher Beweiswert zu. Allerdings kann das mutterschutzrechtliche ärztliche Beschäftigungsverbot widerlegt werden. Dies ist nicht nur mittels einer anderweitigen ärztlichen Untersuchung möglich. Vielmehr kann der Arbeitgeber tatsächliche Umstände darlegen, die den Schluss zulassen, dass das Beschäftigungsverbot auf nicht zutreffenden Angaben der Schwangeren, auch hinsichtlich ihrer Beschwerden, beruht.

Ist hiernach das ärztliche Beschäftigungsverbot widerlegt, muss der Arbeitgeber den Lohn oder das Gehalt der Schwangeren nicht weiterzahlen. Die Arbeitnehmerin trägt in einem solchen Fall das Lohnrisiko, der Arbeitgeber hingegen das Risiko, das Gericht von der Unrichtigkeit des ärztlichen Beschäftigungsverbots überzeugen zu müssen.

Wichtig: Der Arzt entscheidet, ob er das Beschäftigungsverbot überhaupt erteilt, ob er es nur vorübergehend erteilt oder für die gesamte Zeit bis zur Entbindung. Das Beschäftigungsverbot selbst wird in der Praxis im Allgemeinen vom Arzt nicht ausgesprochen. Er erklärt in seinem Attest nur, dass die Beschäftigung eine Gefährdung darstellt.

Das Beschäftigungsverbot gilt, soweit Leben oder Gesundheit von Mutter und/oder Kind bei Fortdauer der bisherigen Beschäftigung gefährdet sind. Dabei kommt es auf den ursächlichen Zusammenhang zwischen der Schwangerschaft und der Gefährdung an. Das Beschäftigungsverbot gilt auch, wenn neben der Gefährdung durch die Berufsarbeit noch andere Umstände vorliegen, wegen derer die Beschäftigung nicht fortgeführt werden soll.

Mutterschutz für Arbeitnehmerinnen

> **Praxis-Tipp:**
> Gehen die Schwangerschaftsbeschwerden über das übliche Maß hinaus, liegt eine Krankheit vor. Für Krankenversicherte bestehen dann Ansprüche gegen ihre gesetzliche Krankenkasse, ggf. – bei Arbeitsunfähigkeit – auch auf Krankengeld. Für die ersten sechs Wochen der Arbeitsunfähigkeit besteht Anspruch auf Entgeltfortzahlung nach den Vorschriften des Entgeltfortzahlungsgesetzes. Dies gilt allerdings nur, wenn Schwangerschaftsbeschwerden in einer Zeit als Krankheit anzusehen sind, in der kein Anspruch auf Mutterschaftsgeld besteht.

War aber die Arbeitnehmerin in den letzten sechs Monaten wegen derselben Krankheit arbeitsunfähig, werden alle Entgeltfortzahlungszeiten im letzten Jahr vor der (jetzigen) Arbeitsunfähigkeit angerechnet.

Generelle Beschäftigungsverbote

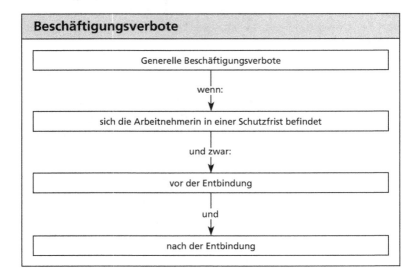

Beschäftigungsverbote

Wichtig: Die Gewerbeaufsichtsbehörde kann von den individuellen Beschäftigungsverboten Ausnahmen bewilligen, wenn Art und Tempo der Arbeit keine Beeinträchtigung der Gesundheit von Mutter und/oder Kind befürchten lassen (Ausnahmeantrag).

Gestaltung der Arbeitsbedingungen

Der Arbeitgeber hat bei der Gestaltung der Arbeitsbedingungen einer schwangeren oder stillenden Frau alle aufgrund der Gefährdungsbeurteilung (§ 10 MuSchG) erforderlichen Maßnahmen für den Schutz ihrer physischen und psychischen Gesundheit sowie der ihres Kindes zu treffen. Er hat die Maßnahmen auf ihre Wirksamkeit zu überprüfen und erforderlichenfalls den sich ändernden Gegebenheiten anzupassen.

Soweit es nach den Vorschriften des Mutterschutzgesetzes verantwortbar ist, ist der Frau auch während der Schwangerschaft, nach der Entbindung und in der Stillzeit die Fortführung ihrer Tätigkeiten zu ermöglichen. Nachteile aufgrund der Schwangerschaft, der Entbindung oder der Stillzeit werden vermieden oder ausgeglichen. Für Schülerinnen und Studentinnen bedeutet die erwähnte Vorschrift, dass alle Maßnahmen ergriffen werden müssen, um ihnen eine Teilnahme am Studium bzw. am Schulunterricht zu ermöglichen, soweit dies unter Beachtung der mutterschutzrechtlichen Vorgaben verantwortlich möglich ist.

§ 9 Abs. 2 MuSchG schreibt dem Arbeitgeber vor, die Arbeitsbedingungen so zu gestalten, dass Gefährdungen einer schwangeren oder stillenden Frau oder ihres Kindes möglichst vermieden werden und eine unverantwortbare Gefährdung ausgeschlossen wird. Dabei ist eine Gefährdung unverantwortbar, wenn die Eintrittswahrscheinlichkeit einer Gesundheitsbeeinträchtigung angesichts der zu erwartenden Schwere des möglichen Gesundheitsschadens nicht hinnehmbar ist. Eine unverantwortbare Gefährdung gilt allerdings als ausgeschlossen, wenn der Arbeitgeber alle Vorgaben einhält, die aller Wahrscheinlichkeit nach dazu führen, dass die Gesundheit einer schwangeren oder stillenden Frau oder ihres Kindes nicht beeinträchtigt wird.

Der Arbeitgeber hat im Übrigen sicherzustellen, dass die schwangere oder stillende Frau ihre Tätigkeit am Arbeitsplatz, soweit es

Mutterschutz für Arbeitnehmerinnen

für sie erforderlich ist, kurz unterbrechen kann. Er hat darüber hinaus sicherzustellen, dass sich die schwangere oder stillende Frau während der Pausen und Arbeitsunterbrechungen unter geeigneten Bedingungen hinlegen, hinsetzen und ausruhen kann.

Alle entsprechenden Maßnahmen des Arbeitgebers müssen dem Stand der Technik, der Arbeitsmedizin und der Hygiene sowie den sonstigen gesicherten wissenschaftlichen Erkenntnissen entsprechen. Der Arbeitgeber hat bei seinen Maßnahmen die vom Ausschuss für Mutterschutz ermittelten und im Gemeinsamen Ministerialblatt veröffentlichten Regeln und Erkenntnisse zu berücksichtigen. Bei Einhaltung dieser Regeln und bei Beachtung dieser Erkenntnisse ist davon auszugehen, dass die im Mutterschutzgesetz gestellten Anforderungen erfüllt sind.

Der Arbeitgeber kann zuverlässige und fachkundige Personen schriftlich damit beauftragen, ihm obliegende Aufgaben in eigener Verantwortung wahrzunehmen.

Wichtig: Kosten für Maßnahmen nach dem Mutterschutzgesetz darf der Arbeitgeber nicht den Personen auferlegen, die bei ihm beschäftigt sind. Die Kosten für Zeugnisse und Bescheinigungen, die die schwangere oder stillende Frau auf Verlangen des Arbeitgebers vorzulegen hat, trägt der Arbeitgeber.

Nach § 10 MuSchG hat der Arbeitgeber im Rahmen der Beurteilung der Arbeitsbedingungen nach § 5 ArbSchG für jede Tätigkeit

- die Gefährdungen nach Art, Ausmaß und Dauer zu beurteilen, denen eine schwangere oder stillende Frau oder ihr Kind ausgesetzt ist oder sein kann, und

- unter Berücksichtigung des Ergebnisses der Beurteilung der Gefährdung zu ermitteln, ob für eine schwangere oder stillende Frau oder ihr Kind voraussichtlich
  - keine Schutzmaßnahmen erforderlich sein werden,
  - eine Umgestaltung der Arbeitsbedingungen erforderlich sein wird oder
  - eine Fortführung der Tätigkeit der Frau an diesem Arbeitsplatz nicht möglich sein wird.

Beschäftigungsverbote

Bei gleichartigen Arbeitsbedingungen ist die Beurteilung eines Arbeitsplatzes oder einer Tätigkeit ausreichend.

Sobald eine Frau dem Arbeitgeber mitgeteilt hat, dass sie schwanger ist oder stillt, hat der Arbeitgeber unverzüglich die nach Maßgabe der Gefährdungsbeurteilung erforderlichen Schutzmaßnahmen festzulegen. Zusätzlich hat der Arbeitgeber der Frau ein Gespräch über weitere Anpassungen ihrer Arbeitsbedingungen anzubieten.

Der Arbeitgeber darf eine schwangere oder stillende Frau nur diejenigen Tätigkeiten ausüben lassen, für die er die erforderlichen Schutzmaßnahmen getroffen hat.

Mit unzulässigen Tätigkeiten und Arbeitsbedingungen beschäftigen sich die §§ 11 und 12 MuSchG. Dabei wird zwischen der Unzulässigkeit für schwangere Frauen (§ 11 MuSchG) und für stillende Frauen (§ 12 MuSchG) unterschieden.

Schwangere Frauen

Nach § 11 Abs. 1 MuSchG darf der Arbeitgeber eine schwangere Frau keine Tätigkeiten ausüben lassen und sie keinen Arbeitsbedingungen aussetzen, bei denen sie in einem Maß Gefährdungen ausgesetzt sein kann oder ausgesetzt ist, dass dies für sie oder für ihr Kind eine unverantwortbare Gefährdung darstellt.

Der Begriff der unverantwortbaren Gefährdung stellt eine qualifizierte Form der Gefährdung dar.

Die Vorgaben des § 11 MuSchG sind bei der Bestimmung der erforderlichen Schutzmaßnahmen nach § 10 Abs. 1 und 2 MuSchG zu berücksichtigen und enthalten damit auch wesentliche Vorgaben für die Beurteilung der Arbeitsbedingungen nach § 10 MuSchG.

Eine unverantwortbare Gefährdung liegt insbesondere dann vor, wenn die schwangere Frau Tätigkeiten ausübt oder Arbeitsbedingungen ausgesetzt ist, bei denen sie bestimmten Gefahrstoffen ausgesetzt ist oder sein kann.

Es handelt sich dabei um Gefahrstoffe, die in einer Verordnung der EU aufgeführt sind (z. B. als reproduktionstechnisch, keimzellmutagen, als karzinogen). Aufgeführt werden hier ferner Gefahr-

Mutterschutz für Arbeitnehmerinnen

stoffe, die als Stoffe ausgewiesen sind, die auch bei Einhaltung der arbeitsplatzbezogenen Schutzmaßnahmen möglicherweise zu einer Fruchtschädigung führen können.

Gefahrstoffe im Sinne einer unverantwortbaren Gefährdung liegen auch bei Blei und Bleiderivaten vor, soweit die Gefahr besteht, dass diese Stoffe vom menschlichen Körper aufgenommen werden. Bestimmte Biostoffe werden hier ebenfalls angesprochen.

Der Arbeitgeber darf eine schwangere Frau keine Tätigkeiten ausüben lassen und sie keinen Arbeitsbedingungen aussetzen, bei denen sie physikalischen Einwirkungen in einem Maß ausgesetzt ist oder sein kann, dass dies für sie oder für ihr Kind eine unverantwortbare Gefährdung darstellt. Als physikalische Einwirkungen im vorstehenden Sinne sind insbesondere zu berücksichtigen:

- ionisierende und nicht ionisierende Strahlungen
- Erschütterungen, Vibrationen und Lärm
- Hitze, Kälte und Nässe

Nach § 11 Abs. 4 MuSchG darf der Arbeitgeber eine schwangere Frau insbesondere keine Tätigkeiten ausüben lassen:

- in Räumen mit einem Überdruck im Sinne von § 2 der Druckluftverordnung
- in Räumen mit sauerstoffreduzierter Atmosphäre
- im Bergbau unter Tage

In § 11 Abs. 5 MuSchG wird bestimmt, dass der Arbeitgeber eine schwangere Frau keine Tätigkeit ausüben lassen und sie keine Arbeitsbedingungen aussetzen darf, bei denen sie körperlichen Belastungen oder mechanischen Einwirkungen in einem Maß ausgesetzt ist oder sein kann, dass dies für sie oder für ihr Kind eine unverantwortbare Gefährdung darstellt. Insbesondere darf der Arbeitgeber eine schwangere Frau keine Tätigkeit ausüben lassen, bei denen

1. sie ohne mechanische Hilfsmittel regelmäßig Lasten von mehr als 5 Kilogramm Gewicht oder gelegentlich Lasten von mehr als 10 Kilogramm Gewicht von Hand heben, halten, bewegen oder befördern muss,

Beschäftigungsverbote

2. sie mit mechanischen Hilfsmitteln Lasten von Hand heben, halten, bewegen oder befördern muss und dabei ihre körperliche Beanspruchung der von Arbeiten nach Nr. 1 entspricht,

3. sie nach Ablauf des fünften Monats der Schwangerschaft überwiegend bewegungsarm ständig stehen muss und wenn diese Tätigkeiten täglich vier Stunden überschreiten,

4. sie sich häufig erheblich strecken, beugen, dauernd hocken, sich gebückt halten oder sonstige Zwangshaltungen einnehmen muss,

5. sie auf Beförderungsmitteln eingesetzt wird, wenn dies für sie oder für ihr Kind eine unverantwortbare Gefährdung darstellt,

6. Unfälle, insbesondere durch Ausgleiten, Fallen oder Stürzen, oder Tätigkeiten zu befürchten sind, die für sie oder ihr Kind eine unverantwortbare Gefährdung darstellen,

7. sie eine Schutzausrüstung tragen muss und das Tragen eine Belastung darstellt oder

8. eine Erhöhung des Drucks im Bauchraum zu befürchten ist, insbesondere bei Tätigkeiten mit besonderer Fußbeanspruchung.

Zu Nr. 3 wird in der Begründung zur seit 01.01.2018 geltenden Neufassung des Mutterschutzgesetzes ausgeführt, dass das bewegungsarme Stehen bedeutet, dass weitgehend keine Entlastung durch Gehen oder Stehen möglich ist. Dadurch besteht zum Beispiel die Gefahr einer Thrombose.

Zu Nr. 5 wird darauf verwiesen, dass die Beschäftigung auf Beförderungsmitteln nicht generell verboten ist, sondern nur, soweit damit eine unverantwortbare Gefährdung für die schwangere Frau vorhanden ist. Anders als nach der früheren Regelung gilt dies nunmehr jedoch grundsätzlich vom Beginn der Schwangerschaft an. Nach neueren medizinischen Erkenntnissen ist die Gefährdung in den ersten drei Monaten der Schwangerschaft nicht geringer, sondern eher höher.

Zu Nr. 6 ist festzustellen, dass der bisher geregelte Schutz vor Unfallgefahren auf jede Art von Unfallgefahr ausgedehnt ist. Die Regelung erfasst alle Situationen, die zu Unfällen führen können. Allerdings regelt die Vorschrift nur den Schutz vor Un-

Mutterschutz für Arbeitnehmerinnen

fallgefahren, die für die schwangere Frau oder ihr ungeborenes Kind eine unverantwortbare Gefährdung darstellen. Der Schutz der allgemeinen Unfallgefahren wird durch §§ 4 und 5 ArbSchG gewährleistet.

1 Darüber hinaus werden nun auch ausdrücklich Tätlichkeiten von Nr. 6 erfasst, die bisher in der Vollzugspraxis als ein spezieller Unterfall des Unfalls behandelt werden. Unter Tätlichkeiten sind Arbeitssituationen zu verstehen, bei denen es beispielsweise aufgrund von Personen- oder Patientenkontakten zu einer Gefahr von tätlichen Angriffen kommen kann, wie etwa in der Notfallaufnahme eines Krankenhauses (z. B. durch einen alkoholisierten Patienten) oder beim Wach- oder Polizeidienst.

Nach § 11 Abs. 6 MuSchG darf der Arbeitgeber eine schwangere Frau folgende Arbeiten nicht ausüben lassen:

- Akkordarbeiten oder sonstige Arbeiten, bei denen durch ein gesteigertes Arbeitstempo ein höheres Entgelt erzielt werden kann
- Fließarbeit oder getaktete Arbeit mit vorgeschriebenem Arbeitstempo

Ausnahmen von den Verboten des § 11 Abs. 6 MuSchG kann die zuständige Aufsichtsbehörde nach § 29 Abs. 3 Nr. 7 MuSchG bewilligen.

Stillende Frauen

Nach § 12 Abs. 1 MuSchG darf der Arbeitgeber eine stillende Frau keine Tätigkeiten ausüben lassen und sie keinen Arbeitsbedingungen aussetzen, bei denen sie in einem Maß Gefahrstoffen ausgesetzt ist oder sein kann, die für sie oder für ihr Kind eine unverantwortbare Gefährdung darstellen. Eine unverantwortbare Gefährdung liegt insbesondere dann vor, wenn die stillende Frau Tätigkeiten ausübt oder Arbeitsbedingungen ausgesetzt ist, bei denen sie bestimmten Gefahrstoffen ausgesetzt ist oder sein kann. Es handelt sich dabei um Gefahrstoffe, die nach den Kriterien des Anhangs 1 zur Verordnung (EG) Nr. 1272/2008 als reproduktionstoxisch nach der Zusatzkategorie für Wirkungen auf oder über die Laktation zu bewerten sind. Es geht dabei auch

Beschäftigungsverbote

um Blei und Bleidarivaten. Soweit die Gefahr besteht, dass diese Stoffe vom menschlichen Körper aufgenommen werden.

Die Regelung des § 12 Abs. 1 MuSchG korrespondiert mit § 11 Abs. 1 MuSchG, der eine entsprechende Regelung für die Zeit die Schwangerschaft trifft.

Die Vorschrift trifft Regelungen, soweit die Beschäftigte und ihr Kind in der Stillzeit eines besonderen Gesundheitsschutzes von Gefährdungen in Zusammenhang mit Gefahrstoffen bedürfen. Die Aufzählung ist nicht abschließend. Im Übrigen wird die Gesundheit der Frau durch die arbeitsschutzrechtlichen Vorgaben geschützt.

Der Arbeitgeber darf eine stillende Frau keine Tätigkeiten ausüben lassen und sie keinen Arbeitsbedingungen aussetzen, bei denen sie in einem Maß mit Biostoffen der Risikogruppe 2, 3 oder 4 im Sinne von § 3 Abs. 1 Biostoffverordnung in Kontakt kommen kann, dass dies für sie oder ihr Kind eine unverantwortbare Gefährdung darstellt.

Eine unverantwortbare Gefährdung im vorstehenden Sinne liegt insbesondere vor, wenn die stillende Frau Tätigkeiten ausübt oder Arbeitsbedingungen ausgesetzt ist, bei denen sie mit Biostoffen in Kontakt kommt oder kommen kann, die in die Risikogruppe 4 im Sinne von § 3 Abs. 1 Biostoffverordnung einzustufen sind. Vorstehendes gilt auch, wenn der Kontakt mit Biostoffen therapeutische Maßnahmen erforderlich macht oder machen kann, die selbst eine unverantwortbare Gefährdung darstellen. Allerdings gibt eine unverantwortbare Gefährdung dann als ausgeschlossen, wenn die stillende Frau über einen ausreichenden Immunschutz verfügt.

Nach § 12 Abs. 3 MuSchG darf der Arbeitgeber eine stillende Frau keine Tätigkeiten ausüben lassen und sie keinen Arbeitsbedingungen aussetzen, bei denen sie physikalischen Einwirkungen in einem Maß ausgesetzt ist oder sein kann, dass dies für sie oder ihr Kind eine unverantwortbare Gefährdung darstellt. Als physikalische Einwirkungen in diesem Sinne sind insbesondere ionisierende und nicht ionisierende Strahlungen zu berücksichtigen.

Mutterschutz für Arbeitnehmerinnen

§ 12 Abs. 4 MuSchG verbietet es dem Arbeitgeber, eine stillende Frau Tätigkeiten ausüben zu lassen bzw. sie Arbeitsbedingungen auszusetzen, bei denen sie einer belastenden Arbeitsumgebung in einem Maß ausgesetzt ist oder sein kann, dass dies für sie oder ihr Kind eine unverantwortbare Gefährdung darstellt.

Insbesondere darf der Arbeitgeber eine stillende Frau keine Tätigkeit ausüben lassen,

- in Räumen mit einem Überdruck in Sinne von § 2 Druckluftverordnung oder
- im Bergbau unter Tage

Nach § 12 Abs. 5 MuSchG darf der Arbeitgeber eine stillende Frau folgende Arbeiten nicht ausüben lassen:

- Akkordarbeit oder sonstige Arbeiten, bei denen durch ein gesteigertes Arbeitstempo ein höheres Entgelt erzielt werden kann
- Fließarbeit
- getaktete Arbeit mit vorgeschriebenem Arbeitstempo, wenn die Art der Arbeit oder das Arbeitstempo für die stillende Frau oder für ihr Kind eine unverantwortbare Gefährdung darstellt

Mehrarbeit, Nacht- und Sonn- bzw. Feiertagsarbeit

Die §§ 4 bis 6 MuSchG, die sich mit dem Verbot von Mehrarbeit sowie von Nacht- und Sonntags- bzw. Feiertagsarbeit beschäftigen, gelten sowohl für werdende als auch für stillende Mütter.

Mehrarbeit

Nach § 4 Abs. 1 MuSchG darf der Arbeitgeber eine schwangere oder stillende Frau, die 18 Jahre oder älter ist, nicht mit einer Arbeit beschäftigen, die sie

- über achteinhalb Stunden täglich oder
- über 90 Stunden in der Doppelwoche hinaus zu leisten hat.

Eine schwangere oder stillende Frau unter 18 Jahren darf der Arbeitgeber nicht mit einer Arbeit beschäftigen, die die Frau über acht Stunden täglich oder über 80 Stunden in der Doppelwoche

Beschäftigungsverbote

hinaus zu leisten hat. In die Doppelwochen werden die Sonntage eingerechnet.

Der Arbeitgeber darf im Übrigen eine schwangere oder stillende Frau nicht in einem Umfang beschäftigen, der die vertraglich vereinbarte wöchentliche Arbeitszeit im Monatsdurchschnitt übersteigt. Bei mehreren Arbeitgebern sind die Arbeitszeiten zusammenzurechnen.

Der Arbeitgeber muss der schwangeren oder stillenden Frau nach Beendigung der täglichen Arbeitszeit eine ununterbrochene Ruhezeit von mindestens 11 Stunden gewähren (§ 4 Abs. 2 MuSchG).

Mehrarbeit im Sinne tarifvertraglicher Bestimmungen darf innerhalb des durch das Mutterschutzgesetz geschaffenen Rahmens geleistet werden.

Wichtig: Auch für geringfügig beschäftigte Arbeitnehmerinnen (sog. 450-Euro-Beschäftigte), die zum Beispiel nur einen Arbeitstag in der Woche haben, darf die tägliche Stundenzahl nicht überschritten werden.

Nach § 3 Abs. 1 MuSchG darf der Arbeitgeber eine schwangere oder stillende Frau nicht zwischen 20 Uhr und 6 Uhr beschäftigen.

§ 28 MuSchG sieht hier allerdings eine Ausnahme vor. Danach kann die Aufsichtsbehörde auf Antrag des Arbeitgebers genehmigen, dass eine schwangere oder stillende Frau zwischen 20 Uhr und 22 Uhr beschäftigt wird, wenn

- sich die Frau dazu ausdrücklich bereit erklärt,
- nach ärztlichem Zeugnis nichts gegen die Beschäftigung der Frau bis 22 Uhr spricht und
- insbesondere eine unverantwortbare Gefährdung für die schwangere Frau oder ihr Kind durch Alleinarbeit ausgeschlossen ist.

Alleinarbeit im Sinne des neuen Mutterschutzgesetzes liegt vor, wenn der Arbeitgeber eine Frau an einem Arbeitsplatz in seinem räumlichen Verantwortungsbereich beschäftigt, ohne dass gewährleistet ist, dass sie jederzeit den Arbeitsplatz verlassen oder Hilfe erreichen kann (§ 2 Abs. 4 MuSchG).

Mutterschutz für Arbeitnehmerinnen

Dem Antrag ist die Dokumentation der Beurteilung der Arbeitsbedingungen nach § 14 Abs. 1 MuSchG beizufügen. Die schwangere oder stillende Frau kann ihre Erklärung jederzeit mit Wirkung für die Zukunft widerrufen.

Solange die Aufsichtsbehörde den Antrag nicht ablehnt oder die Beschäftigung zwischen 20 Uhr und 22 Uhr nicht vorläufig untersagt, darf der Arbeitgeber die Frau beschäftigen. Allerdings müssen die oben aufgeführten Voraussetzungen vorliegen.

Die Aufsichtsbehörde hat dem Arbeitgeber nach Antragseingang unverzüglich eine Mitteilung zu machen, wenn die für den Antrag erforderlichen Unterlagen unvollständig sind.

Die Aufsichtsbehörde kann die Beschäftigung vorläufig untersagen, soweit dies erforderlich ist, um den Schutz der Gesundheit der Frau oder ihres Kindes sicherzustellen.

Wichtig: Lehnt die Aufsichtsbehörde den Antrag nicht innerhalb von sechs Wochen nach Eingang des vollständigen Antrags ab, gilt die Genehmigung als erteilt. Auf Verlangen ist dem Arbeitgeber der Eintritt der Genehmigungsfiktion zu bescheinigen.

Die Zeit zwischen 20 Uhr und 6 Uhr gilt auch dann als „Nacht", wenn in Tarifverträgen andere Zeiten als Nachtarbeitszeiten bezeichnet sind. Das Nachtarbeitsverbot gilt im Übrigen auch für mehrschichtige Betriebe. Die Umsetzung auf Tagarbeit ist zulässig. Auch dann muss der Arbeitgeber den bisherigen Durchschnittsverdienst zahlen. Das gilt lediglich dann nicht, wenn die Frau unberechtigt eine zumutbare Arbeit am Tag ablehnt.

Nachtarbeit

In Zusammenhang mit dem Verbot der Nachtarbeit ist auch § 5 Abs. 2 MuSchG zu beachten, der sich mit Schülerinnen bzw. Studentinnen beschäftigt. Danach darf die Ausbildungsstelle eine schwangere oder stillende Frau nicht zwischen 20 Uhr und 6 Uhr im Rahmen der schulischen oder hochschulischen Ausbildung tätig werden lassen.

Beschäftigungsverbote

Die Ausbildungsstelle darf sie allerdings an Ausbildungsveranstaltungen bis 22 Uhr teilnehmen lassen, wenn

- sich die Frau dazu ausdrücklich bereit erklärt,
- die Teilnahme zu Ausbildungszwecken zu dieser Zeit erforderlich ist und
- insbesondere eine unverantwortbare Gefährdung für die schwangere Frau oder ihr Kind durch Alleinarbeit ausgeschlossen ist.

Die schwangere oder stillende Frau kann ihre Erklärung jederzeit mit Wirkung für die Zukunft widerrufen.

Sonn- und Feiertagsarbeit

§ 6 MuSchG beschäftigt sich mit dem Verbot der Sonn- und Feiertagsarbeit. Danach (Abs. 1) darf der Arbeitgeber eine schwangere oder stillende Frau nicht an Sonn- und Feiertagen beschäftigen. Eine Beschäftigung ist ausnahmsweise möglich, wenn

- sich die Frau dazu ausdrücklich bereit erklärt,
- eine Ausnahme vom allgemeinen Verbot der Arbeit an Sonn- und Feiertagen nach § 10 des Arbeitszeitgesetzes (ArbZG) zugelassen ist,
- der Frau in jeder Woche im Anschluss an eine ununterbrochene Nachruhezeit von mindestens 11 Stunden ein Ersatzruhetag gewährt wird und
- insbesondere eine unverantwortbare Gefährdung für die schwangere Frau oder ihr Kind durch Alleinarbeit ausgeschlossen ist.

Die schwangere oder stillende Frau kann ihre Erklärung jederzeit mit Wirkung für die Zukunft widerrufen.

§ 10 ArbZG sieht zahlreiche Ausnahmen vom Verbot der Sonn- und Feiertagsbeschäftigung vor. Zu nennen sind hier beispielsweise Beschäftigung in Not- und Rettungsdiensten sowie bei der Feuerwehr, in Krankenhäusern und vergleichbaren Institutionen sowie in der Landwirtschaft.

Mutterschutz für Arbeitnehmerinnen

Nach § 6 Abs. 2 MuSchG darf die Ausbildungsstelle eine schwangere oder stillende Frau (Studentin, Schülerin) nicht an Sonn- und Feiertagen im Rahmen der schulischen oder hochschulischen Ausbildung tätig werden lassen. Sie darf sie aber an Ausbildungsveranstaltungen an Sonn- und Feiertagen teilnehmen lassen, wenn

- sich die Frau dazu ausdrücklich bereit erklärt,
- die Teilnahme zu Ausbildungszwecken zu dieser Zeit erforderlich ist,
- der Frau in jeder Woche im Anschluss an eine ununterbrochene Nachtruhezeit von mindestens elf Stunden ein Ersatzruhetag gewährt wird und
- insbesondere eine unverantwortbare Gefährdung für die schwangere Frau oder ihr Kind durch Alleinarbeit ausgeschlossen ist.

Auch hier kann die schwangere oder stillende Frau ihre Erklärung jederzeit mit Wirkung für die Zukunft widerrufen.

Freistellung für Untersuchungen

Nach § 7 Abs. 1 MuSchG hat der Arbeitgeber eine Frau für die Zeit freizustellen, die zur Durchführung der Untersuchungen im Rahmen der Leistungen der gesetzlichen Krankenversicherung bei Schwangerschaft und Mutterschaft erforderlich sind. Entsprechendes gilt zugunsten einer Frau, die nicht in der gesetzlichen Krankenversicherung versichert ist.

Zu der freizustellenden Zeit gehört auch die Vorbereitung für den Arztbesuch. Es entspricht der Treuepflicht der Arbeitnehmerin, dass sie mit dem Arzt nach Möglichkeit einen Termin für die Untersuchung außerhalb der Arbeitszeit vereinbart. Ist das nicht möglich, muss sie die Freistellung mit dem Arbeitgeber abstimmen. Allerdings darf der Arbeitgeber nicht unberechtigt die Freistellung von der Arbeit verweigern.

Die Freistellung bezieht sich auch auf den Weg zum Arzt und zurück. Für die Zeit der Freistellung muss der Arbeitgeber der Frau den Lohn zahlen, den sie zu fordern hätte, wenn sie gearbeitet hätte. Der Entgeltanspruch im Rahmen der Freistellung ist zwingend.

Ein Verstoß gegen § 7 MuSchG wird als Ordnungswidrigkeit mit einer Geldbuße bis zu 2.500 Euro bedroht (§ 32 Abs. 1 Nr. 4 MuSchG).

Schutzfristen

Schutzfrist vor der Entbindung

§ 3 Abs. 1 MuSchG bestimmt, dass werdende Mütter in den letzten sechs Wochen vor der Entbindung nicht beschäftigt werden dürfen. Hier handelt es sich um die Schutzfrist vor der Entbindung.

Allerdings handelt es sich nicht um ein absolutes Beschäftigungsverbot. Die werdende Mutter kann sich vielmehr – jederzeit widerruflich – ausdrücklich zur Arbeitsleistung während der Schutzfrist bereit erklären.

Die Zeit der Schutzfrist darf sich nicht lohnmindernd auswirken. Deshalb darf eine jährlich zu zahlende Jahressonderleistung nicht wegen Fehlzeiten, die durch Inanspruchnahme der Schutzfristen entstehen, anteilig gekürzt werden. Enthält ein Tarifvertrag eine entsprechende Regelung, ist diese nichtig.

Wird in einer Vergütungsregelung allerdings bestimmt, dass eine vermögenswirksame Leistung nur weitergezahlt wird, wenn der Mitarbeiterin für die betreffende Zeit Dienstbezüge, Urlaubsvergütung oder Krankenbezüge zustehen, muss der Arbeitgeber nach § 3 Abs. 1 MuSchG die vermögenswirksame Leistung während der Schutzfrist nicht weiterzahlen. Gegen die Wirksamkeit einer entsprechenden arbeitsrechtlichen Regelung bestehen nach Ansicht der Rechtsprechung des Bundesarbeitsgerichts keine verfassungsrechtlichen Bedenken.

Die Schutzfrist vor der Entbindung beläuft sich auf 42 Kalendertage und beginnt mit dem Wochentag der sechsten Woche, der nach seiner Benennung dem (mutmaßlichen) Tag der Entbindung entspricht.

Mutterschutz für Arbeitnehmerinnen

> **Beispiel:**
> Mutmaßlicher Tag der Entbindung: Dienstag, 23.10.2018
> Beginn der Schutzfrist: Dienstag, 11.09.2018
> Gleiches gilt, wenn die betreffende Frau beispielsweise nur an drei Tagen in der Woche arbeitet.

Schutzfrist nach der Entbindung

Nach § 3 Abs. 2 MuSchG darf eine Frau bis zum Ablauf von acht Wochen nach der Entbindung nicht beschäftigt werden. Die Schutzfrist verlängert sich auf zwölf Wochen bei

- Frühgeburten,
- Mehrlingsgeburten oder
- wenn vor Ablauf von acht Wochen nach der Entbindung bei dem Kind eine Behinderung festgestellt wird.

Bei vorzeitiger Entbindung verlängert sich die Schutzfrist nach der Entbindung um den Zeitraum der verkürzten Schutzfrist vor der Entbindung. Im Fall eines behinderten Kindes verlängert sich die Schutzfrist nach der Entbindung aber nur, wenn die betroffene Frau dies beantragt.

Bezüglich Schülerinnen und Studentinnen bestimmt § 3 Abs. 3 MuSchG, dass die Ausbildungsstelle in der Schutzfrist nach der Entbindung im Rahmen der schulischen und hochschulischen Ausbildung die Frau tätig werden lassen kann. Voraussetzung ist, dass die Frau dies ausdrücklich gegenüber ihrer Ausbildungsstelle verlangt. Sie kann ihre Erklärung jederzeit mit Wirkung für die Zukunft widerrufen.

Endete die Schwangerschaft mit einer Fehlgeburt, liegen die Voraussetzungen für eine Schutzfrist nach der Entbindung nicht vor. Nach einer Fehlgeburt gehört die betreffende Frau nicht mehr zu dem vom Mutterschutzgesetz erfassten Personenkreis.

Auch wenn das Kind innerhalb der Schutzfrist nach der Entbindung stirbt, muss die Mutter trotzdem die Arbeit nicht aufnehmen.

Schutzfristen

Jedoch darf der Arbeitgeber die Mutter bereits nach Ablauf der ersten zwei Wochen nach der Entbindung beschäftigen, wenn

- sie dies ausdrücklich verlangt und
- nach ärztlichem Zeugnis nichts dagegen spricht (§ 3 Abs. 4 MuSchG).

Die Frau kann ihre Erklärung jederzeit mit Wirkung für die Zukunft widerrufen.

Wichtig: Die Schutzfrist nach Früh- und Mehrlingsgeburten verlängert sich auf insgesamt zwölf Wochen (84 Kalendertage).

Beispiel:

Mutmaßlicher Entbindungstag:	08.02.2018
Beginn der Schutzfrist vor der Entbindung:	28.12.2017
Letzter Arbeitstag:	27.12.2017
Entbindungstag:	09.01.2018
Verkürzung der Schutzfrist:	28.12.2017 – 08.01.2018
dadurch „nicht in Anspruch genommen":	30 Tage

Ergebnis: Die Schutzfrist von zwölf Wochen (Ende: 03.04.2018) verlängert sich um 30 Tage und endet nunmehr am 03.05.2018.

Eine Verlängerung der Schutzfrist nach der Entbindung kommt aber nicht oder nur teilweise in Betracht, wenn bis zum Beginn der Schutzfrist vor der Entbindung Krankengeld bezogen wurde.

Beispiel:

Es gelten die gleichen Daten wie oben, aber vom 15.11. bis 15.12.2017 wurde Krankengeld bezogen.

Ergebnis: In diesem Fall verlängert sich die Schutzfrist nach der Entbindung nur um den Zeitraum vom 16.12. bis 27.12.2017, also um zwölf Tage bis zum 15.04.2018. Für die Zeit vom 28.11. bis 15.12.2017 (= 18 Tage) wird das Krankengeld zurückgefordert und Mutterschaftsgeld nachgezahlt.

Besonderer Kündigungsschutz

Das Mutterschutzgesetz kennt ein besonderes Kündigungsverbot für Schwangere und Mütter. Danach ist die Kündigung gegenüber einer Frau während der Schwangerschaft und bis zum Ablauf von vier Monaten nach der Entbindung unzulässig (§ 17 MuSchG). Voraussetzung ist, dass dem Arbeitgeber zur Zeit der Kündigung die Schwangerschaft oder Entbindung bekannt war oder innerhalb zweier Wochen nach Zugang der Kündigung mitgeteilt wird.

Das Überschreiten der Mitteilungsfrist ist unschädlich, wenn es auf einem von der Frau nicht zu vertretenden Umstand beruht und die Mitteilung unverzüglich nachgeholt wird.

Der Kündigungsschutz des Mutterschutzgesetzes dient dem Zweck, den berufstätigen Frauen die Gewissheit zu geben, dass sie nicht aus Anlass der Mutterschaft ihren Arbeitsplatz und somit ihre Existenzgrundlage verlieren.

Wichtig: Für den Arbeitgeber gilt ein absolutes Kündigungsverbot.

Die Frau kann aber das Arbeitsverhältnis während der Schwangerschaft und nach der Entbindung auflösen. Kündigt sie in Unkenntnis ihres Rechts auf Kündigungsschutz, steht ihr kein Anfechtungsrecht zu!

Auf ihren gesetzlichen Schutz kann die Frau nicht verzichten, jedenfalls nicht vor der Arbeitgeberkündigung. Ebenfalls unzulässig sind Abreden über eine Beendigung des Arbeitsverhältnisses bei Eintritt von Schwangerschaft. Der Kündigungsschutz gilt auch für Heimarbeiterinnen.

Vorsicht! Befristete Arbeitsverträge

In diesen Fällen kann sich der Arbeitgeber auch bei Schwangerschaft auf die Befristung berufen. Es ist somit keine Kündigung erforderlich. Deshalb gibt es keinen Kündigungsschutz.

Die „sachlichen Gründe" müssen so stark sein, dass sie die Befristung und damit den Verlust des Kündigungsschutzes sozial rechtfertigen.

Besonderer Kündigungsschutz

Die sachliche Berechtigung für die Befristung eines Arbeitsverhältnisses muss auch hinsichtlich der Zeitdauer gegeben sein.

Aufhebungsvertrag

Die Erklärung der Arbeitnehmerin, sie nehme die Kündigung hin oder sie verzichte auf den Mutterschutz, genügt nicht. Ebenso wenig bedeutet Schweigen der Arbeitnehmerin auf die Kündigung durch den Arbeitgeber ohne Weiteres ihr Einverständnis im Sinne eines Aufhebungsvertrags.

> **Praxis-Tipp:**
> Erkundigen Sie sich über die Rechtsfolgen einer vertraglichen Vereinbarung, bevor Sie dieser zustimmen. Hilfe finden Sie beispielsweise:
> - beim Betriebs- oder Personalrat
> - bei Ihrer Gewerkschaft
> - bei den Rechtsberatungsstellen der Arbeitsgerichte
> - bei einem Rechtsanwalt (gegen Gebühr)

Hat aber eine Frau eine Ausgleichsquittung unterzeichnet, hat sie damit der Aufhebung des Arbeitsverhältnisses zugestimmt. Der mutterschutzrechtliche Kündigungsschutz besteht selbst dann nicht mehr, wenn die Erklärung in Unkenntnis ihrer Schwangerschaft abgegeben wurde.

Nach Beendigung eines Arbeitskampfes ist der Arbeitgeber zur Wiedereinstellung der Frauen, die im Zeitpunkt der Aussperrung unter Mutterschutz standen, verpflichtet. Der ausgesperrten Frau steht – falls sie gesetzlich krankenversichert ist – während der Schutzfristen das Mutterschaftsgeld zu, weil das Arbeitsverhältnis weiterbesteht.

Beginn des Kündigungsschutzes

Der Kündigungsschutz beginnt mit dem Tag der Empfängnis. In der Praxis kommt es dabei auf den vom Arzt oder der Hebamme festgestellten Termin an.

Mutterschutz für Arbeitnehmerinnen

Wie bereits erwähnt, setzt der Kündigungsschutz nach dem Mutterschutzgesetz voraus, dass dem Arbeitgeber zum Zeitpunkt der Kündigung die Schwangerschaft oder Entbindung bekannt war. Das gilt auch, wenn die Schwangerschaft oder Entbindung dem Arbeitgeber innerhalb von zwei Wochen nach Zugang der Kündigung mitgeteilt wird.

Demnach kommt es auf den Zeitpunkt der Kündigung an: bei mündlicher Kündigung auf den Zeitpunkt ihrer Erklärung, bei schriftlicher Kündigung auf die Zeit der Absendung des Kündigungsschreibens.

Ist die Kündigung vor Beginn der Schwangerschaft ausgesprochen worden, ist sie auch dann wirksam, wenn durch die Kündigung das Arbeitsverhältnis erst während der Schwangerschaft endet.

Schwangerschaft und Entbindung können dem Arbeitgeber selbst bekannt sein. Dies kann durch eigene Wahrnehmung oder Mitteilungen von dritter Seite, namentlich durch die Mitteilung dienstlicher Vorgesetzter, geschehen.

In aller Regel ist die Kenntnis eines Vorgesetzten mit Personalbefugnissen dem Arbeitgeber als eigene Kenntnis anzurechnen. Es kommt auf die positive Kenntnis an. Bloße Vermutung und ein Kennenmüssen genügt nicht!

Wichtig: Grundsätzlich ist es Sache der Frau, den Arbeitgeber zu informieren. Beweispflichtig für die Kenntnis des Arbeitgebers ist die Arbeitnehmerin.

Wurde die Schwangerschaft nicht mitgeteilt und hat auch der Arbeitgeber im Zeitpunkt der Kündigung keine Kenntnis von der Schwangerschaft oder der Entbindung, muss die Frau die Mitteilung innerhalb von zwei Wochen nach Zugang der Kündigung machen. Sonst verliert sie den Kündigungsschutz.

Das Überschreiten der Zwei-Wochen-Frist ist aber unschädlich, wenn es auf einem von der Frau nicht zu vertretenden Grund beruht und die Mitteilung unverzüglich nachgeholt wird.

Besonderer Kündigungsschutz

Praxis-Tipp:
Lassen Sie sich von Ihrem Arzt bescheinigen, dass Sie infolge Ihres Gesundheitszustands nicht in der Lage waren, die Mitteilung rechtzeitig zu erstatten.

Die Kündigungsverbote des Mutterschutzgesetzes und des Bundeselterngeld- und Elternzeitgesetzes (BEEG) bestehen nebeneinander (vgl. dazu Seite 130 ff.).

Bei Vorliegen von Mutterschaft und zusätzlich Elternzeit bedarf somit der Arbeitgeber für eine ausnahmsweise Kündigung in besonderen Fällen der Zulässigkeitserklärung der Arbeitsschutzbehörde, und zwar sowohl nach dem Mutterschutzgesetz als auch nach dem Bundeselterngeld- und Elternzeitgesetz.

Wichtig: Eine Frau kann während der Schwangerschaft und während der Schutzfrist nach der Entbindung das Arbeitsverhältnis ohne Einhaltung einer Frist zum Ende der Schutzfrist nach der Entbindung kündigen.

Wird allerdings das Arbeitsverhältnis während der Schwangerschaft oder während der Schutzfrist nach der Entbindung aufgelöst und kehrt die Frau innerhalb eines Jahres in den Betrieb zurück, gelten besondere Schutzbestimmungen.

Soweit Rechte aus dem Arbeitsverhältnis nämlich von der Dauer der Beschäftigungszeit abhängen, gilt das Arbeitsverhältnis als nicht unterbrochen.

Auf dieses Recht kann sich die Frau nicht berufen, wenn sie in der Zeit von der Auflösung des Arbeitsverhältnisses bis zur Wiedereinstellung bei einem anderen Arbeitgeber beschäftigt war. Eine selbstständige Tätigkeit der Frau ist allerdings unschädlich.

Betroffen sind nur die Rechte, die von der Dauer der Betriebs- oder Berufszugehörigkeit oder von der Dauer der Beschäftigungszeit abhängen. Das gilt zunächst für gesetzliche und tarifliche Ansprüche, zum Beispiel nach dem Kündigungsschutzgesetz oder dem Bundesurlaubsgesetz. Es gilt aber auch für betriebliche Sozialleistungen, wie beispielsweise Treueprämien, Jubiläumsgaben, betriebliche Altersversorgung.

Mutterschutz für Arbeitnehmerinnen

Die oberste Arbeitsschutzbehörde des Landes kann in besonderen Fällen die Kündigung für zulässig erklären (vgl. dazu Seite 120 ff.).

Urlaubsansprüche

Für den Anspruch auf bezahlten Erholungsurlaub und dessen Dauer gelten die Ausfallzeiten wegen mutterschutzrechtlicher Beschäftigungsverbote als Beschäftigungszeiten. Hat die Frau ihren Urlaub vor Beginn der Beschäftigungsverbote nicht oder nicht vollständig erhalten, kann sie nach Ablauf der Fristen den Resturlaub im laufenden oder im nächsten Urlaubsjahr beanspruchen.

Geldleistungen von Arbeitgeber und Staat

Mutterschutzlohn	48
Mutterschaftsgeld	52
Arbeitgeberzuschuss zum Mutterschaftsgeld	53
Niedrigere Beiträge zur Pflegeversicherung	56

Mutterschutzlohn

Während der Schutzfristen besteht in der Regel Anspruch auf Mutterschaftsgeld: entweder gegenüber einer gesetzlichen Krankenkasse oder gegenüber dem Staat. Unter bestimmten Voraussetzungen tritt zu diesem Mutterschaftsgeld ein Zuschuss des Arbeitgebers.

Fällt Arbeitszeit und damit auch Arbeitsentgelt wegen eines Beschäftigungsverbots außerhalb der Schutzfristen vor oder nach der Entbindung ganz oder teilweise aus, kommt es zur Zahlung von Mutterschutzlohn (§ 18 MuSchG).

Ein Anspruch auf den Mutterschutzlohn besteht nur, wenn ein Beschäftigungsverbot für den Arbeitsausfall kausal (ursächlich) war. Es besteht jedoch kein Anspruch auf Fortzahlung des Arbeitsentgelts, wenn die Arbeitnehmerin vertragswidrig ihre Arbeitsleistung nicht erfüllt. Dies gilt auch, wenn sie ihre Arbeitskraft bewusst zurückhält.

Sie schuldet dem Arbeitgeber Arbeitsleistungen in dem Umfang, den ihre individuelle Leistungsfähigkeit ohne Beeinträchtigung ihrer und ihres Kindes Gesundheit zulässt. Der Arbeitgeber ist zum Beweis verpflichtet, dass die Arbeitnehmerin ihre Arbeitsleistung zurückhält.

Die Beschäftigungsverbote sind auch dann nicht ursächlich für die Verhinderung einer Arbeitsleistung, wenn die Arbeitnehmerin zwar ihre Arbeit verrichten könnte, sie jedoch wegen ihres Gesundheitszustands den Weg zu oder von der Arbeitsstätte nicht zurücklegen kann.

Wann kein Mutterschutzlohn bezahlt wird

Liegt für die Zeit eines ärztlicherseits angeordneten Beschäftigungsverbots gleichzeitig eine krankheitsbedingte Arbeitsunfähigkeit vor, besteht kein Anspruch auf Mutterschutzlohn.

Ein Anspruch auf den Mutterschutzlohn ist insbesondere ausgeschlossen, wenn die werdende Mutter Anspruch auf Entgeltfortzahlung infolge Krankheit (Krankenlohn) nach den allgemeinen Bestimmungen über die Entgeltfortzahlung bei Krankheit hat.

Mutterschutzlohn

Treffen Ansprüche auf Krankenlohn und Mutterschutzlohn zusammen, haben die Ansprüche auf den Krankenlohn Vorrang.

Das bedeutet in der Regel aber keinen Nachteil für die Frau. Schließlich wird auch das während einer Arbeitsunfähigkeit weitergewährte Entgelt zu 100 Prozent gezahlt. Allerdings wird hier das ausgefallene Entgelt erbracht, während sich beim Mutterschutzlohn die Berechnung an den letzten 13 Wochen bzw. drei Monaten vor Schwangerschaftsbeginn orientiert (vgl. dazu die noch folgenden Ausführungen).

Wie Mutterschutzlohn berechnet wird

Während des Beschäftigungsverbots muss die Frau mindestens den Durchschnittsverdienst der letzten 13 Wochen oder der letzten drei Monate vor Beginn des Monats, in dem die Schwangerschaft eingetreten ist, ausgezahlt bekommen.

Die Frau soll als Mutterschutzlohn das erhalten, was sie im Bezugszeitraum im Durchschnitt verdient hätte, wenn nicht infolge der Anwendung eines Beschäftigungsverbots eine Verdienstminderung eingetreten wäre.

Für die Berechnung des Mutterschutzlohns ist der Durchschnittsverdienst, den die Arbeitnehmerin im Bemessungszeitraum für den Mutterschutzlohn durch ihre Arbeitsleistung erzielt hat, und nicht das in diesem Zeitraum zugeflossene Entgelt heranzuziehen.

Wichtig: Hat das Arbeitsverhältnis keine 13 Wochen oder drei Monate gedauert, ist von dem tatsächlichen, kürzeren Zeitraum auszugehen.

In den Bezugszeitraum sind nicht einzurechnen:

- einmalig gezahltes Arbeitsentgelt
- Zeiten, in denen kein Arbeitsentgelt erzielt wurde
- Verdienstkürzungen infolge von Kurzarbeit oder Arbeitsausfällen (z. B. Werksbeurlaubungen, Zeiten eines Arbeitskampfes) oder unverschuldetem Arbeitsversäumnis
- im Fall der Beendigung der Elternzeit nach dem Bundeselterngeld- und Elternzeitgesetz (BEEG) das Arbeitsentgelt aus Teilzeitbeschäftigung, das vor der Beendigung der Elternzeit er-

Geldleistungen von Arbeitgeber und Staat

zielt wurde, soweit das durchschnittliche Arbeitsentgelt ohne die Berücksichtigung der Zeiten, in denen dieses Arbeitsentgelt erzielt wurde, höher ist

Es ist für die Nichtanrechenbarkeit gleichgültig, ob kein oder ein vermindertes Arbeitsentgelt gezahlt wurde.

War das Arbeitsversäumnis verschuldet (insbesondere bei Bummeltagen), wird die betreffende Zeit mitgerechnet. Dadurch vermindert sich der Mutterschutzlohn.

Im Übrigen wirken sich dauerhafte Verdienstkürzungen leistungsmindernd aus, die während oder nach Ablauf des Berechnungszeitraums eintreten und nicht auf einem mutterschutzrechtlichen Beschäftigungsverbot beruhen.

Welche Zeiteinheit gilt, richtet sich nach der jeweiligen Lohnbemessung (Stunden-, Tage-, Wochen-, Monatslohn).

Der errechnete Gesamtbruttoverdienst ist durch die bezahlten Zeiteinheiten zu teilen. Dabei sind die Zeiten ohne Arbeitsentgelt und die Zeit unverschuldeter Verdienstkürzungen vom Divisor abzuziehen.

Beispiele:

- Wochenverdienst: 300 Euro
  10 Wochen Arbeit – 3 Wochen Krankheit
  Gesamtverdienst: 3.000 Euro
  Mutterschutzlohn (3.000 : 10) = 300 Euro/Woche

- Wochenverdienst: 300 Euro
  12 Wochen Arbeit
  1 Woche unentschuldigt gefehlt
  Gesamtverdienst: 3.600 Euro
  Mutterschutzlohn (3.600 : 13) = 276,92 Euro/Woche

Ist die Ermittlung des durchschnittlichen Arbeitsentgelts nach Vorstehendem nicht möglich, ist das durchschnittliche kalendertägliche Arbeitsentgelt einer vergleichbar beschäftigten Person zugrunde zu legen (§ 21 Abs. 3 MuSchG).

Mutterschutzlohn

Bei einer dauerhaften Änderung der Arbeitsentgelthöhe ist die geänderte Arbeitsentgelthöhe bei der Ermittlung des durchschnittlichen Arbeitsentgelts zugrunde zu legen, und zwar

- für den gesamten Berechnungszeitraum, wenn die Änderung während des Berechnungszeitraums wirksam wird,
- ab Wirksamkeit der Änderung der Arbeitsentgelthöhe, wenn diese Änderung nach dem Berechnungszeitraum wirksam wird.

Was tun bei Verdienstminderungen?

Für den Anspruch auf Mutterschutzlohn ist es nicht erforderlich, dass der Verdienst wegen des Beschäftigungsverbots vollständig wegfällt. Vielmehr ist lediglich Voraussetzung, dass die Frau völlig oder teilweise mit der Arbeit aussetzt oder wegen des Verbots die Beschäftigung oder die Entlohnungsart wechselt.

Es reicht somit aus, wenn eine Verdienstminderung eingetreten ist. Diese Verdienstminderung muss in ursächlichem Zusammenhang mit einem der Beschäftigungsverbote stehen.

Eine Verdienstminderung in diesem Sinne liegt auch vor, wenn eine Frau verbotenerweise Akkordarbeit verrichtet, ohne dass sie von dem Verbot weiß und sie auf Zeitlohn umgesetzt wird. Bei Berechnung des Mutterschutzlohns ist der Akkordlohn zu berücksichtigen.

Eine Frau, die an und für sich den Mutterschutzlohn beanspruchen könnte, ist zur Aufnahme einer erlaubten Arbeit verpflichtet, wenn diese nach den Gesamtumständen zumutbar ist. Allerdings braucht sie sich nicht selbst um eine solche – zumutbare – Arbeit zu bemühen. Sie kann sich diese vielmehr von ihrem Arbeitgeber nachweisen lassen. Lehnt eine Frau eine Arbeit der vorstehend erwähnten Art ab, hat sie keinen Anspruch auf Zahlung des Mutterschutzlohns.

Wichtig: Der gezahlte Mutterschutzlohn ist wie das „normale" Arbeitsentgelt steuer- und sozialversicherungspflichtig. Das weitergezahlte Entgelt wird demnach so behandelt, als ob es sich um „reguläres" Entgelt handeln würde.

Geldleistungen von Arbeitgeber und Staat

Mutterschaftsgeld

Das Mutterschaftsgeld der gesetzlichen Krankenkassen erhalten Frauen, die freiwillig oder pflichtversichert mit Anspruch auf Krankengeld gesetzlich krankenversichert sind.

Freiwillig versicherte Mitglieder, die hauptberuflich selbstständig erwerbstätig sind, haben nur einen Anspruch auf Mutterschaftsgeld, wenn sie gegenüber ihrer Krankenkasse den Anspruch auf Krankengeld erklärt haben.

Die gesetzlichen Krankenkassen zahlen das Mutterschaftsgeld während der Schutzfristen vor und nach der Entbindung sowie für den Entbindungstag. Es kann frühestens sieben Wochen vor dem mutmaßlichen Geburtstermin beantragt werden.

Lediglich Beschäftigte, die nicht gesetzlich krankenversichert sind, wie beispielsweise Beamtinnen oder Selbstständige, haben keinen Anspruch auf das Mutterschaftsgeld nach dem Mutterschutzgesetz (vgl. Seite 14).

Für den Anspruch auf Mutterschaftsgeld sind die folgenden Voraussetzungen maßgebend: Die Frauen müssen bei Beginn der Schutzfrist vor der Entbindung in einem Arbeitsverhältnis stehen oder in Heimarbeit beschäftigt sein oder ihr Arbeitsverhältnis hat während ihrer Schwangerschaft mit Zustimmung des Arbeitgebers geendet. Frauen, die während der Schutzfristen von einem Beamten- in ein Arbeitsverhältnis wechseln, erhalten von diesem Zeitpunkt an Mutterschaftsgeld.

Das Mutterschaftsgeld wird in der Höhe gezahlt, die die Krankenversicherung vorsieht. Das Mutterschaftsgeld für Arbeitnehmerinnen, die nicht selbst Mitglied einer gesetzlichen Krankenversicherung sind (z. B. privat krankenversicherte oder in der gesetzlichen Krankenversicherung familienversicherte Frauen), ist insgesamt auf höchstens 210 Euro begrenzt (das heißt für die Zeit vor, während und nach der Entbindung). Das Mutterschaftsgeld wird dann vom Bundesversicherungsamt ausbezahlt.

Die Berechnung des Mutterschaftsgelds entspricht der des Mutterschutzlohns (vgl. Seite 48).

Arbeitgeberzuschuss zum Mutterschaftsgeld

Frauen, die Anspruch auf Mutterschaftsgeld aus der gesetzlichen Krankenversicherung oder (bei Nichtkrankenversicherten) gegen den Bund haben, erhalten während der Schutzfristen vor und nach der Entbindung einen Zuschuss des Arbeitgebers. Der Zuschuss wird auch für den Entbindungstag gewährt.

Der Zuschuss wird gezahlt an Frauen, die

- in einem Arbeitsverhältnis stehen,
- Anspruch auf Mutterschaftsgeld haben oder
- keine Elternzeit nach dem Bundeselterngeld- und Elternzeitgesetz in Anspruch nehmen.

Hierdurch wird der Anspruch auf das durchschnittliche Arbeitsentgelt während der Schutzfristen gesichert. Der Zuschuss bezweckt, die Frau während der Schutzfristen nach dem Mutterschutzgesetz insoweit wirtschaftlich abzusichern, dass ihr grundsätzlich das bisherige durchschnittliche Nettoarbeitsentgelt, soweit es kalendertäglich 13 Euro übersteigt, erhalten bleibt.

Geldleistungen von Arbeitgeber und Staat

> **Beispiel:**
> Der Berechnung des Mutterschaftsgelds für eine Arbeitnehmerin liegt ein kalendertägliches Nettoarbeitsentgelt von 49 Euro zugrunde. Gezahlt wird ein kalendertägliches Mutterschaftsgeld von 13 Euro (Höchstbetrag). Der Differenzbetrag zum Nettoarbeitsentgelt beläuft sich auf 36 Euro. Dieser Betrag ist vom Arbeitgeber kalendertäglich während der Mutterschutzfristen als Zuschuss zum Mutterschaftsgeld zu zahlen.

Obwohl der Anspruch auf das Mutterschaftsgeld nach dem Mutterschutzgesetz insgesamt 210 Euro beträgt, wird bei der Berechnung des Zuschusses von einem Mutterschaftsgeld von kalendertäglich 13 Euro ausgegangen.

> **Praxis-Tipp:**
> Der Zuschuss des Arbeitgebers unterliegt nicht der Lohnsteuerpflicht und damit auch nicht der Beitragspflicht zur Sozialversicherung.

Ein Anspruch auf den Zuschuss besteht nicht, wenn während der Elternzeit eine neue Schutzfrist bei weiterer Schwangerschaft beginnt. Für den nach Ende der Elternzeit verbleibenden Zeitraum der Schutzfristen besteht jedoch ein Zuschussanspruch.

Achtung: Wird die Steuerklasse nur deshalb geändert, um einen höheren Zuschuss aufgrund eines höheren Nettoarbeitsverdienstes zu erhalten, ist eine solche Änderung unzulässig.

Die Berechnung entspricht im Übrigen der des Mutterschutzlohns (vgl. Seite 49).

Was den Arbeitgeberzuschuss mindert

Wird die Arbeitszeit durch eine wirksame arbeitsvertragliche Absprache zwischen Arbeitgeber und Arbeitnehmerin von einem innerhalb der Schutzfristen liegenden Zeitpunkt an reduziert, ist dies bei der Berechnung des Arbeitgeberzuschusses zu beachten.

Arbeitgeberzuschuss zum Mutterschaftsgeld

Die als Konsequenz der Arbeitszeitverkürzung eingetretene Minderung des Arbeitsentgelts wirkt sich voll auf den Arbeitgeberzuschuss aus.

Im Übrigen sind dauerhafte Verdienstkürzungen, die während oder nach Ablauf des Berechnungszeitraums eintreten und nicht auf einem mutterschutzrechtlichen Beschäftigungsverbot beruhen, zu berücksichtigen.

Wie bereits erwähnt, ist das durchschnittliche kalendertägliche Arbeitsentgelt aus den letzten drei abgerechneten Kalendermonaten zu ermitteln. Bei wöchentlicher Abrechnung sind die letzten 13 abgerechneten Wochen vor Beginn der Schutzfrist vor der Entbindung maßgebend.

Einmalig gezahltes Arbeitsentgelt, wie beispielsweise Weihnachtsgeld, wird nicht berücksichtigt. Das gilt auch für solche Tage, an denen infolge von

- Kurzarbeit,
- Arbeitsausfällen,
- unverschuldetem Arbeitsversäumnis

kein oder ein vermindertes Arbeitsentgelt erzielt wurde.

Es sind hier die gleichen Grundsätze zu beachten wie bei der Berechnung des Mutterschutzlohns.

Wann der Arbeitgeberzuschuss entfällt

Frauen, deren Arbeitsverhältnis während ihrer Schwangerschaft oder während der Schutzfrist nach der Entbindung mit Zustimmung der zuständigen Behörde aufgelöst worden ist, erhalten bis zum Ende dieser Schutzfrist den Zuschuss zulasten des Bundes von der für die Zahlung des Mutterschaftsgelds zuständigen Stelle.

Erlaubt ist die Auflösung des Arbeitsverhältnisses aber auch dann, wenn die zuständige Arbeitsschutzbehörde die Kündigung zulässt. Um einen solchen Fall handelt es sich zum Beispiel, wenn die Frau im Geschäft des Arbeitgebers beim Ladendiebstahl erwischt wird.

Geldleistungen von Arbeitgeber und Staat

Wichtig: Wird allerdings ein befristetes Arbeitsverhältnis durch Zeitablauf beendet, besteht kein Zuschussanspruch für die Zeit nach der Beendigung. Endet in einem solchen Fall der Zuschussanspruch gegen den Arbeitgeber, können keine weiteren Ansprüche gegen eine andere Stelle geltend gemacht werden.

Der Arbeitgeberzuschuss wird in solchen Fällen von der Stelle gezahlt, die für die Zahlung des Mutterschaftsgelds zuständig ist. Bei gesetzlich krankenversicherten Frauen ist dies die gesetzliche Krankenkasse, ansonsten ist das Bundesversicherungsamt zuständig.

Die gesetzliche Krankenkasse zahlt den Zuschuss zulasten des Bundes und erhält die verauslagten Beträge vom Bundesversicherungsamt erstattet.

Für die Dauer einer rechtmäßigen Aussperrung besteht kein Anspruch auf den Zuschuss des Arbeitgebers zum Mutterschaftsgeld.

Ist der Arbeitgeber wegen Insolvenz zahlungsunfähig, wird der Zuschuss ebenfalls von der gesetzlichen Krankenkasse bzw. dem Bundesversicherungsamt gezahlt.

Wichtig: Ein Arbeitgeberzuschuss kommt nicht für die Zeit infrage, in der Elternzeit genommen wird. Wird allerdings eine zulässige Teilzeitarbeit geleistet, besteht ein Zuschussanspruch.

Niedrigere Beiträge zur Pflegeversicherung

Versicherte ohne Kinder müssen zum üblichen Pflegeversicherungsbeitrag einen Zuschlag von 0,25 Prozentpunkten zahlen. Der „übliche" Pflegeversicherungsbeitrag beläuft sich seit 01.01.2017 auf 2,55 Prozent.

Während der „normale" Beitrag zur Hälfte vom Arbeitgeber und zur anderen Hälfte vom Arbeitnehmer gezahlt wird, muss der „Beitragszuschlag für Kinderlose" allein von den Versicherten getragen werden.

Eltern sind von dem Zuschlag befreit. Angesprochen sind hier aber nicht nur Väter und Mütter, sondern auch Stief- und Pflegeeltern, das heißt Personen, die ein Pflegekind aufgenommen haben.

Niedrigere Beiträge zur Pflegeversicherung

Zum Nachweis der Elterneigenschaft werden alle Urkunden berücksichtigt, die geeignet sind, etwa:

- Geburtsurkunde
- Abstammungsurkunde
- beglaubigte Abschrift aus dem Geburtenbuch des Standesamts
- Auszug aus dem Familienbuch
- steuerliche Lebensbescheinigung des Einwohnermeldeamts

Die Spitzenverbände der Pflegekassen haben eine gemeinsame Empfehlung darüber abgegeben, welche Nachweise geeignet sind.

Wichtig: Ein einmaliger Nachweis genügt für eine dauerhafte Befreiung vom Zuschlag. Die Zuschlagspflicht lebt nämlich nicht wieder auf, wenn ein (lebend geborenes) Kind verstirbt. Eine erneute Nachweisführung kann aber bei einem Wechsel des Arbeitgebers oder einem Wechsel der beitragszahlenden Stelle gegenüber dem neuen Arbeitgeber bzw. der neuen Stelle erforderlich werden.

Erfolgt die Vorlage des Nachweises innerhalb von drei Monaten nach der Geburt des Kindes, gilt der Nachweis mit Beginn des Geburtsmonats als erbracht. Ansonsten wirkt der Nachweis ab Beginn des Monats, der dem Monat folgt, in dem der Nachweis erbracht wird.

Krankenkassenleistungen

Wer hat Anspruch?	60
Wer ist familienversichert?	61
Ärztliche Betreuung und Hebammenhilfe	68
Versorgung mit Arznei-, Verband- und Heilmitteln	72
Stationäre Entbindung	73
Häusliche Pflege	74
Haushaltshilfe	76
Früherkennungsuntersuchungen für Kinder	78
Mutter-/Vater-Kind-Maßnahmen	82

Wer hat Anspruch?

Leistungen bei Schwangerschaft und Mutterschaft

Sachleistungen
- Ärztliche Betreuung, auch:
  – Untersuchungen zur Feststellung der Schwangerschaft und zur Schwangerenvorsorge
  – Beratung der Schwangeren zur Bedeutung der Mundgesundheit von Mutter und Kind
- Arznei- und Verbandmittel
- Heilmittel
- Stationäre Entbindung
- Häusliche Pflege
- Haushaltshilfe
Geldleistung
- Mutterschaftsgeld

Die Vorschriften über die Leistungen der gesetzlichen Krankenversicherung bei Schwangerschaft und Mutterschaft werden seit 01.01.2013 im Sozialgesetzbuch – Fünftes Buch (SGB V) behandelt, in den §§ 24c bis 24i. Vorher waren die Regelungen in der Reichsversicherungsordnung (RVO) enthalten.

In der landwirtschaftlichen Krankenversicherung war bis 31.12.2012 das Gesetz über die Krankenversicherung der Landwirte (KVLG) maßgebend. Seit 01.01.2013 gilt das Zweite Gesetz über die Krankenversicherung der Landwirte (KVLG 1989). Im Wesentlichen entsprechen die Vorschriften denen des SGB V.

Für den Anspruch nach dem SGB V ist es zunächst gleichgültig, ob die Frau Ansprüche aus der Familienversicherung oder aus eigener Versicherung hat. Aus eigener Versicherung bestehen Ansprüche für versicherungspflichtige Arbeitnehmerinnen, Rentnerinnen, Arbeitslose, Studentinnen usw.

Gleiches gilt für freiwillig Versicherte. Es ist dabei gleichgültig, ob die freiwillige Versicherung begründet wurde, weil die Frau wegen der Höhe ihres Arbeitsentgelts nicht krankenversicherungspflichtig ist, oder ob es sich um eine Hausfrau handelt, die seit Beendigung ihrer Arbeitnehmerinnentätigkeit freiwillig weiterversichert ist.

Die Spitzenorganisationen der Krankenversicherung haben in einem Gemeinsamen Rundschreiben vom 21.03.2014 zusammenfassend zu den Leistungen der Krankenkassen bei Schwangerschaft und Mutterschaft Stellung genommen.

Wer ist familienversichert?

Ansprüche aus der Familienversicherung haben Ehegatten und Kinder sowie Kinder von familienversicherten Kindern. Sie sind berechtigt, aus der Familienversicherung eigene Ansprüche zu stellen, wenn sie das 15. Lebensjahr vollendet haben.

Voraussetzung für die Familienversicherung ist, dass die betroffenen Personen nicht selbst versichert sind (z. B. freiwillig versichert). Sie dürfen auch nicht versicherungsfrei sein, etwa als Beamtinnen. Die Versicherungsfreiheit als geringfügig Beschäftigte zählt hier allerdings nicht.

Beispiel:

Eine als Ehefrau familienversicherte Hausfrau übt eine geringfügige Beschäftigung aus.

Sie ist wegen Geringfügigkeit ihrer Beschäftigung versicherungsfrei. Deshalb hat sie Leistungsansprüche aus der Familienversicherung. Dazu gehören auch solche anlässlich Schwangerschaft und Mutterschaft.

Ist eine Frau versicherungsfrei gesetzlich krankenversichert, weil ihr Entgelt die Jahresarbeitsentgeltgrenze übersteigt, hat sie selbstverständlich keine Ansprüche aus der Familienversicherung ihres krankenversicherten Ehemannes. Fällt aber während der Elternzeit dieses Entgelt weg, ist der Grund für die Versicherungs-

Krankenkassenleistungen

freiheit nicht mehr gegeben. In diesem Fall besteht ein Anspruch aus der Familienversicherung.

Besonderheiten des Europäischen Sozialrechts

Weitere Voraussetzung für den Anspruch aus der Familienversicherung ist, dass die betreffenden Angehörigen ihren Wohnsitz oder gewöhnlichen Aufenthalt im Inland haben. Zu beachten ist das europäische Sozialrecht, das für Angehörige der Mitgliedstaaten des Europäischen Wirtschaftsraums (EWR) eine Gebietsgleichstellung vorsieht. Der Anspruch aus der deutschen Familienversicherung wird nicht dadurch beeinträchtigt, dass der deutsche Familienangehörige einem anderen Mitgliedstaat des Europäischen Wirtschaftsraums angehört und sich dort aufhält. Zum Europäischen Wirtschaftsraum zählen außer den Mitgliedstaaten der Europäischen Union Island, Liechtenstein und Norwegen. Zur Europäischen Union gehören:

Mitglieder der Europäischen Union	
Belgien	Malta
Bulgarien	Niederlande
Dänemark	Österreich
Deutschland	Polen
Estland	Portugal
Finnland	Rumänien
Frankreich	Schweden
Griechenland	Slowakei
Irland	Slowenien
Italien	Spanien
Kroatien	Tschechien
Lettland	Ungarn
Litauen	(noch) Großbritannien/Nordirland*
Luxemburg	Zypern (nur griechischer Teil)

* Die Verhandlungen zum geplanten EU-Austritt laufen noch.

Außerdem sind verschiedene Sozialversicherungsabkommen zu beachten, die die Bundesrepublik Deutschland mit vielen Staaten geschlossen hat (z. B. Türkei).

Wer ist familienversichert?

Sowohl das europäische Sozialrecht als auch die Sozialversicherungsabkommen regeln die Anspruchsberechtigung meist in der Weise, dass sich der Kreis der anspruchsberechtigten Familienangehörigen nach den Rechtsvorschriften des Aufenthaltslands richtet. Das bedeutet, dass zum Beispiel für die im früheren Jugoslawien verbliebenen Angehörigen eines Gastarbeitnehmers die Anspruchsberechtigung nach dem Recht seines Heimatlands zu prüfen ist.

Während eines Asylverfahrens ist die Voraussetzung des „gewöhnlichen Aufenthalts" erfüllt. Zu diesem Ergebnis ist das Bundessozialgericht in mehreren Entscheidungen gekommen.

Wie viel Familienangehörige verdienen dürfen

Ein Anspruch aus der Familienversicherung besteht, wenn der Angehörige nicht hauptberuflich selbstständig erwerbstätig ist.

Außerdem ist Voraussetzung für den Anspruch aus der Familienversicherung, dass der betreffende Angehörige ein Gesamteinkommen hat, das regelmäßig im Monat ein Siebtel der monatlichen Bezugsgröße (2018: 435 Euro) nicht überschreitet. Die monatliche Bezugsgröße ändert sich meist zu Beginn eines jeden Jahres.

Wird der jeweils maßgebende Betrag durch das Gesamteinkommen des Familienangehörigen überschritten, besteht kein Anspruch aus der Familienversicherung.

Wann ein Ehegatte familienversichert ist

Voraussetzung für den Anspruch eines Ehegatten aus der Familienversicherung ist, dass eine gültige Ehe besteht.

Wird die Ehe geschieden, bleibt die Familienversicherung bis zur Rechtskraft des Scheidungsurteils bestehen. Solange die Ehe nicht rechtsgültig aufgehoben ist, muss – beim Vorliegen der übrigen Voraussetzungen – von einem Bestehen des Anspruchs ausgegangen werden.

Die Frage, ob eine rechtswirksame Ehe besteht, ist auch für das Gebiet der Sozialversicherung nach den deutschen familien- und personenstandsrechtlichen Vorschriften zu beurteilen.

Krankenkassenleistungen

Handelt es sich um die Eheschließung eines Deutschen, kommt eine nach deutschem Recht gültige Ehe nur durch eine Eheschließung vor dem Standesbeamten zustande.

Wenn ein bei einer deutschen gesetzlichen Krankenkasse versicherter Ausländer aufgrund seines Heimatrechts mit mehreren Frauen rechtmäßig verheiratet ist, besteht nur für die Frau ein Anspruch aus der Familienversicherung, mit der zuerst die Ehe geschlossen wurde. Nach deutschem Recht sind weitere „Ehen" nicht rechtsgültig geschlossen worden.

Die Ehegatten müssen nicht miteinander in häuslicher Gemeinschaft leben. Auch für einen vom Versicherten getrennt lebenden Ehegatten ist deshalb – beim Erfüllen der übrigen Voraussetzungen – ein Leistungsanspruch gegeben.

Wichtig: Für Verlobte oder Partner einer eheähnlichen Gemeinschaft besteht keine Familienversicherung. Dies hat das Bundessozialgericht am 10.05.1990 entschieden (Az. 12/3 RK 23/88).

Für gleichgeschlechtliche Lebenspartner im Sinne des Lebenspartnerschaftsgesetzes besteht seit 01.08.2001 unter den üblichen Voraussetzungen ein Anspruch aus der Familienversicherung.

Kinder als Familienversicherte

Maßgebend ist in erster Linie der Kindbegriff des Bürgerlichen Gesetzbuchs. Zunächst werden dadurch die ehelichen Kinder erfasst. Hierzu zählen die während der Ehe oder innerhalb von 302 Tagen nach Auflösung der Ehe geborenen Kinder.

Steht fest, dass das Kind innerhalb eines Zeitraums empfangen worden ist, der weiter als 302 Tage vor dem Tag der Geburt zurückliegt, gilt zugunsten der Ehelichkeit des Kindes dieser Zeitraum als Empfängniszeit.

Nichteheliche Kinder

Angesprochen sind auch nichteheliche Kinder. Für solche Kinder beginnt der Anspruch auf Familienversicherung nicht erst mit dem Zeitpunkt der Feststellung der Vaterschaft, sondern (rückwirkend) vom Tag der Geburt an.

Wer ist familienversichert?

Bei nichtehelichen Kindern wird die Vaterschaft durch Anerkennung oder gerichtliche Entscheidung mit Wirkung für und gegen alle festgestellt.

Für den Anspruch auf Familienversicherung ist die Feststellung der Unterhaltspflicht des männlichen Versicherten nicht ausreichend. Vielmehr muss die blutsmäßige Vaterschaft festgestellt sein. Allerdings muss die Vaterschaft nicht durch Statusurteil nachgewiesen werden. Die gesetzliche Krankenkasse kann vielmehr auch aufgrund anderer Erkenntnisunterlagen die Vaterschaft des Versicherten als „festgestellt" ansehen. Dabei kann ein im Unterhaltsprozess ergangenes Urteil über die „Zahlvaterschaft" ein wesentlicher Anhaltspunkt sein.

Adoptivkinder

Auch angenommene (adoptierte) Kinder gelten als Kinder. Die Annahme als Kind wird auf Antrag des Annehmenden vom Vormundschaftsgericht ausgesprochen. Als Beweis für die Anspruchsberechtigung fordern die gesetzlichen Krankenkassen in der Regel die Vorlage der Adoptionsurkunde.

Kinder, die mit dem Ziel der Annahme als Kind in die Obhut des Annehmenden aufgenommen sind und für die eine zur Annahme erforderliche Einwilligung der Eltern erteilt ist (Adoptivkinder), gelten als Kinder des Annehmenden und nicht mehr als Kinder der leiblichen Eltern. Seit 2017 können auch Kinder des Lebenspartners adoptiert werden.

Stiefkinder und Enkel

Als Kinder gelten ebenso Stiefkinder, Enkel und Urenkel.

Voraussetzung ist, dass Stiefkinder und Enkel vor Eintritt des Versicherungsfalls von dem Versicherten überwiegend unterhalten worden sind.

Stiefkinder sind Kinder des anderen Ehegatten, die in die Ehe mitgebracht werden.

Krankenkassenleistungen

Pflegekinder

Auch Pflegekinder haben Anspruch aus der Familienversicherung. Es handelt sich dabei um Personen, die mit dem Berechtigten durch ein auf längere Dauer angelegtes Pflegeverhältnis in häuslicher Gemeinschaft – wie etwa Kinder mit Eltern – verbunden sind.

Achtung: Kinder sind nicht versichert, wenn

- der mit den Kindern verwandte Ehegatte des Mitglieds nicht Mitglied einer gesetzlichen Krankenkasse ist und

- ein Gesamteinkommen regelmäßig im Monat ein Zwölftel der Jahresarbeitsentgeltgrenze übersteigt und regelmäßig höher als das Gesamteinkommen des Mitglieds ist.

Beispiel:

Ein Ehepaar hat zwei minderjährige Kinder. Der Ehemann ist als Arbeitnehmer pflichtversichert. Die Ehefrau ist selbstständig tätig und nicht gesetzlich krankenversichert. Sie hat aus ihrer selbstständigen Tätigkeit einen Gewinn erzielt, der das Entgelt des Ehemanns übersteigt und auch über der Jahresarbeitsentgeltgrenze liegt.

Für die beiden Kinder bestehen keine Ansprüche aus der Versicherung ihres Vaters.

Es geht hier insbesondere um Fälle, in denen der höherverdienende Elternteil privat krankenversichert ist.

Ein Zwölftel der Jahresarbeitsentgeltgrenze beläuft sich 2018 im gesamten Bundesgebiet auf 4.950 Euro. Ist in Bestandsfällen die besondere Jahresarbeitsentgeltgrenze anzuwenden, beträgt sie im Jahr 2018 monatlich 4.425 Euro. Es handelt sich hier um Personen, die am 31.12.2002 wegen Überschreitens der an diesem Tag geltenden Jahresarbeitsentgeltgrenze versicherungsfrei und bei einem privaten Krankenversicherungsunternehmen in einer entsprechenden Krankenversicherung versichert waren.

Die vorstehenden Grundsätze sind nach den Urteilen des Bundessozialgerichts vom 25.01.2001 (Az. B 12 KR 5/00) und vom

Wer ist familienversichert?

29.01.2001 (Az. B 12 KR 5/00 R) auch dann anzuwenden, wenn die Eltern getrennt leben.

Im Übrigen erfolgt der Ausschluss von Kindern aus der beitragsfreien Familienversicherung wegen der Höhe des Verdienstes eines nicht gesetzlich krankenversicherten Elternteils ohne Rücksicht auf die Zahl der Kinder der betreffenden Familie (Urteil des BSG vom 29.01.2001, Az. B 12 KR 8/00 R).

> **Praxis-Tipp:**
> Besteht für das Kind ein mehrfacher Anspruch aus der Familienversicherung – weil beispielsweise beide Elternteile gesetzlich krankenversichert sind –, wählen die Mitglieder (in einvernehmlicher Absprache) die gesetzliche Krankenkasse für das Kind.

Wichtig: Familienversicherte haben im Wesentlichen die gleichen Leistungsansprüche gegen die gesetzliche Krankenversicherung wie Mitglieder.

Das bedeutet, dass auch Ansprüche auf Leistungen bei Schwangerschaft und Mutterschaft gegeben sind. Allerdings besteht kein Anspruch auf Mutterschaftsgeld.

Krankenkassenleistungen

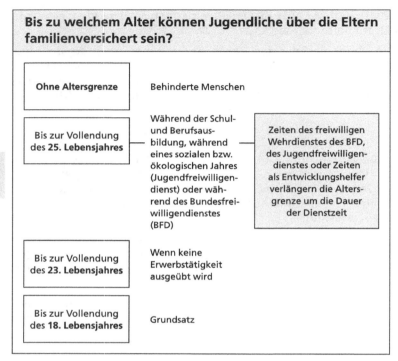

Ärztliche Betreuung und Hebammenhilfe

Versicherte (Mitglieder oder Familienversicherte) haben Anspruch auf ärztliche Betreuung und Hebammenhilfe während der Schwangerschaft sowie bei und nach der Entbindung.

Die ärztliche Betreuung während der Schwangerschaft umfasst die Untersuchungen zur Feststellung der Schwangerschaft sowie Vorsorgeuntersuchungen einschließlich der laborärztlichen Untersuchungen. Auch die Beratung der Schwangeren zur Mundgesundheit für Mutter und Kind einschließlich des Zusammenhangs zwischen Ernährung und Krankheitsrisiko sowie die Einschätzung oder Bestimmung des Übertragungsrisikos von Karies gehören zu den ärztlichen Leistungen.

Ärztliche Betreuung und Hebammenhilfe

Während der Schwangerschaft und nach der Entbindung sollen mögliche Gefahren für Leben und Gesundheit von Mutter und Kind abgewendet sowie Gesundheitsstörungen rechtzeitig erkannt und der Behandlung zugeführt werden.

Bis zum zehnten Tag nach der Geburt besteht Anspruch auf mindestens einen täglichen Besuch durch die Hebamme. Ab dem elften Tag bis zum Ende der achten Woche nach der Geburt können zudem insgesamt 16 Besuche einer Hebamme in Anspruch genommen werden. Eine ärztliche Verordnung ist hierfür nicht notwendig. Weitere Besuche sind auf Verordnung eines Arztes möglich.

Wichtig: Vorrangiges Ziel der ärztlichen Schwangerenversorgung ist die frühzeitige Erkennung einer Risikoschwangerschaft oder einer Risikogeburt.

Vorsorgemaßnahmen

- Untersuchungen und Beratungen während der Schwangerschaft
- frühzeitige Erkennung und besondere Überwachung von Risikoschwangerschaften – kardiografische Untersuchungen, Ultraschalldiagnostik, Fruchtwasseruntersuchungen
- serologische Untersuchungen auf Infektionen (z. B. Röteln, Hepatitis B) und zum Ausschluss einer HIV-Infektion, wenn die Schwangere nach vorheriger ärztlicher Beratung in diese Untersuchung einwilligt, sowie blutgruppenserologische Untersuchungen während der Schwangerschaft
- blutgruppenserologische Untersuchungen nach Geburt oder Fehlgeburt und Anti-D-Immunglobulin-Prophylaxe
- Untersuchungen und Beratungen der Mutter
- medikamentöse Maßnahmen und Verordnungen von Verband- und Heilmitteln
- Aufzeichnungen und Bescheinigungen

Diese Ansprüche ergeben sich aus den Mutterschafts-Richtlinien des Gemeinsamen Bundesausschusses.

Krankenkassenleistungen

Schwangerschaftsbeschwerden sind an und für sich typische, mit der Schwangerschaft einhergehende Beschwerden. Übersteigen die „Schwangerschaftsbeschwerden" das übliche Maß, besteht ein Anspruch gegen die gesetzliche Krankenkasse im Rahmen der Krankenbehandlung und nicht auf „Leistungen in Zusammenhang mit Schwangerschaft und Mutterschaft".

Für die Gewährung der Leistungen bei Schwangerschaft und Mutterschaft (auch im Rahmen der Familienversicherung) kommt für die Zeit nach der Entbindung als Nachweis der Anspruchsberechtigung die Geburtsbescheinigung (Geburtsurkunde) in Betracht. Ihre Ausstellung (für Zwecke der Krankenversicherung) ist gebührenfrei. Es ist im Übrigen nicht vorgeschrieben, dass der erwähnte Nachweis gegenüber der gesetzlichen Krankenkasse ausschließlich durch eine Geburtsbescheinigung mit dem Aufdruck „Nur gültig in Angelegenheiten der Mutterschaftshilfe" (oder mit einem sinngemäßen Vermerk) geführt wird. Es ist allerdings üblich, Vordrucke mit diesem Vermerk zu verwenden.

Wichtig: Bei ausländischen Gastarbeitnehmerinnen gelten anstelle der im Inland für die Gewährung von Leistungen bei Schwangerschaft und Mutterschaft verwendeten Formblätter auch andere amtliche oder ärztliche Bescheinigungen über die erfolgte Geburt als Geburtennachweis. Allerdings ist zu beachten, dass ausländische Urkunden der freien Beweiswürdigung deutscher Behörden und Gerichte unterliegen.

Geburtshilfe

Zur Leistung von Geburtshilfe sind, abgesehen von Notfällen, außer Ärztinnen und Ärzten nur Personen mit einer Erlaubnis zur Führung der Berufsbezeichnung „Hebamme" oder „Entbindungspfleger" sowie Dienstleistungserbringer im Sinne des § 1 Abs. 2 HebG berechtigt. Besonderheiten gelten für Staatsangehörige eines anderen Mitgliedstaats der Europäischen Union.

Die Ärztin bzw. der Arzt ist verpflichtet, dafür Sorge zu tragen, dass bei einer Entbindung eine Hebamme oder ein Entbindungspfleger zugezogen wird.

Ärztliche Betreuung und Hebammenhilfe

Die Geburtshilfe im vorstehenden Sinne umfasst die Überwachung des Geburtsvorgangs vom Beginn der Wehen an. Ferner umfasst sie die Hilfe bei der Geburt und die Überwachung des Wochenbettverlaufs.

Nach § 134a SGB V schließt der Spitzenverband Bund der Krankenkassen mit den maßgeblichen Berufsverbänden der Hebammen und den Verbänden der von Hebammen geleiteten Einrichtungen auf Bundesebene Verträge. Diese werden mit bindender Wirkung für die Krankenkassen geschlossen. Sie beinhalten unter anderem die Versorgung mit Hebammenhilfe sowie die abrechnungsfähigen Entbindungen in von Hebammen geleiteten Einrichtungen. Zudem enthalten die Verträge Einzelheiten über die Anforderungen an die Qualitätssicherung in den Einrichtungen. Ferner bestimmen die Verträge die Höhe der Vergütung und die Einzelheiten der Vergütungsabrechnung durch die Krankenkassen.

Die Vertragspartner haben dabei den Bedarf der Versicherten an Hebammenhilfe und deren Qualität, den Grundsatz der Beitragsstabilität sowie die berechtigten wirtschaftlichen Interessen der freiberuflich tätigen Hebammen zu berücksichtigen.

Derartige Verträge haben Rechtswirkung für freiberuflich tätige Hebammen, wenn sie einem der oben genannten Verbände auf Bundes- oder Landesebene angehören. Außerdem muss die Satzung des Verbands vorsehen, dass die vom Verband abgeschlossenen Verträge Rechtswirkung für die dem Verband angehörenden Hebammen haben. Das gilt auch, wenn die Hebammen einem solchen Vertrag beitreten.

Hebammen, für die die obigen Verträge keine Rechtswirkung haben, sind nicht als Leistungserbringer zugelassen. Das Nähere über Form und Verfahren des Nachweises der Mitgliedschaft in einem Verband sowie des Beitritts regelt der Spitzenverband Bund der Krankenkassen. In Zusammenhang mit einem Schwangerschaftsabbruch besteht im Übrigen kein Anspruch auf Hebammenhilfe.

Für die Beziehungen der landwirtschaftlichen Krankenversicherung zu den Leistungserbringern gelten die Vorschriften des SGB V entsprechend, so dass für die Gebühren der Hebammen und Entbindungspfleger § 134a SGB V anzuwenden ist.

Krankenkassenleistungen

Für Streitigkeiten zwischen Hebammen und gesetzlichen Krankenkassen über die Gebühren für alle Verrichtungen und Aufwendungen der Hebammen ist der Rechtsweg zu den Gerichten der Sozialgerichtsbarkeit gegeben.

Mit Wirkung zum 23.07.2015 hat das GKV-Versorgungsstärkungsgesetz in § 134a Abs. 4 SGB V eine Regelung geschaffen, die freiberuflich tätige Hebammen vor Regressnahme durch die Kranken- und Pflegekassen schützen soll. Ein solcher Regress ist nämlich nur möglich, wenn der Schaden vorsätzlich oder fahrlässig verursacht wurde.

3 Versorgung mit Arznei-, Verband- und Heilmitteln

Bei Schwangerschaftsbeschwerden und in Zusammenhang mit der Entbindung gewährt die gesetzliche Krankenkasse Arznei-, Verband- und Heilmittel.

Im Rahmen der Mutterschaftsvorsorge sind diese Leistungen nur zur Behandlung von Beschwerden zulässig, die schwangerschaftsbedingt sind, aber noch keinen Krankheitswert darstellen. Haben sie Krankheitswert, sind die entsprechenden Leistungen im Rahmen des Anspruchs auf Krankenbehandlung von der gesetzlichen Krankenkasse zu erbringen.

Vorbeugende medikamentöse Maßnahmen sind im Übrigen nur dann angezeigt, wenn sie nach den Regeln der ärztlichen Kunst im Einzelfall notwendig sind, um ernstliche Gefahren von Mutter und Kind abzuwenden.

> **Praxis-Tipp:**
> Sowohl bei Arznei-, Verband- und Heilmitteln als auch bei Hilfsmitteln sind die im Bereich der Krankenversicherung ansonsten vorgesehenen Zuzahlungen nicht zu entrichten. Gleiches gilt für den Fall einer stationären Behandlung aus Anlass der Entbindung.

Stationäre Entbindung

Die Versicherte hat Anspruch auf ambulante oder stationäre Entbindung. Sie kann ambulant in einem Krankenhaus, einer von einer Hebamme oder einem Entbindungspfleger geleiteten Einrichtung, in einer ärztlich geleiteten Einrichtung, in einer Hebammenpraxis oder im Rahmen einer Hausgeburt entbinden.

Wird die Versicherte zur Entbindung in ein Krankenhaus oder eine andere Einrichtung aufgenommen, hat sie für sich und das Neugeborene Anspruch auf Unterkunft, Pflege und Verpflegung.

Wichtig: Für diese Zeit besteht kein Anspruch auf Krankenhausbehandlung.

Der Anspruch auf stationäre Entbindung beginnt mit dem Tag, an dem die Schwangere in ein Krankenhaus oder in eine andere Einrichtung zum Zweck der Entbindung aufgenommen wird. Die Aufnahme erfolgt somit unter Umständen bereits einige Tage vor der Entbindung.

Der Charakter der stationären Entbindung ändert sich nicht dadurch, dass die Frau vor der Entbindung wieder aus der Entbindungs- oder Krankenanstalt entlassen wird.

Befindet sich eine Frau bereits wegen einer Krankheit in Krankenhausbehandlung und wird sie nach der Geburt nicht auf die Entbindungsstation verlegt, handelt es sich trotzdem vom Entbindungstag an um Entbindungsanstaltspflege.

Wird die Mutter während der ersten Tage nach der Entbindung von der Entbindungsstation auf eine andere Station des Krankenhauses verlegt, gilt auch diese Zeit als stationäre Entbindung.

> **Praxis-Tipp:**
> Eine stationäre Entbindung setzt keine ärztliche Einweisung voraus. Allein die Aufnahme in ein Krankenhaus oder in eine vergleichbare Einrichtung ist entscheidend.

Der Anspruch auf stationäre Entbindung besteht nicht nur für die Versicherte. Vielmehr ist die Betreuung des gesunden Neugeborenen Bestandteil der stationären Entbindung der Mutter.

Krankenkassenleistungen

Sofern das Neugeborene jedoch selbst der stationären Behandlung bedarf und wegen Krankheit in eine andere Abteilung desselben Krankenhauses oder in ein anderes Krankenhaus verlegt wird, liegt in der Person des Neugeborenen ein eigener Versicherungsfall vor. Besteht für das Kind kein Anspruch mehr im Rahmen der stationären Entbindungsbehandlung, ist zu prüfen, inwieweit ein Anspruch aufgrund der Familienversicherung zu gewähren ist.

Sofern eine Versicherte erst nach der Entbindung in ein Krankenhaus aufgenommen wird, handelt es sich grundsätzlich nicht um Entbindungsanstaltspflege, sondern ggf. um Krankenhausbehandlung. Allgemein wird aber davon ausgegangen, dass beispielsweise einer Frau, die erst deshalb nach der Entbindung in ein Krankenhaus aufgenommen wird, weil es zu einer Spontangeburt gekommen war, stationäre Entbindung zu gewähren ist.

Für den Aufenthalt in einem sogenannten Geburtshaus, in dem Schwangere – je nach Wunsch – ohne Übernachtung oder im Rahmen eines mehrtägigen Aufenthalts ihr Kind zur Welt bringen können und das keine vertragliche Beziehungen zur gesetzlichen Krankenkasse der Versicherten unterhält, muss die gesetzliche Krankenkasse nicht aufkommen (Urteile des BSG vom 21.05.2003, Az. B 1 KR 9/03, B 1 KR 34/02, B 1 KR 35/02 R und B 1 KR 8/03 R).

Häusliche Pflege

Die Versicherte hat Anspruch auf häusliche Pflege, soweit diese wegen Schwangerschaft oder Entbindung erforderlich ist. Der Anspruch besteht nur, soweit eine im Haushalt lebende Person die Schwangere oder Mutter in dem erforderlichen Umfang nicht pflegen oder versorgen kann.

Kann die gesetzliche Krankenkasse keine Kraft für häusliche Pflege stellen oder besteht Grund, davon abzusehen, sind dem Versicherten die Kosten für eine selbstbeschaffte Kraft in angemessener Höhe zu erstatten.

Die Leistung „Häusliche Pflege" umfasst Grundpflege und hauswirtschaftliche Versorgung als persönliche Betreuung. Sie soll darauf ausgerichtet sein, dass die Versicherte – ggf. in Verbindung mit anderen Leistungen bei Schwangerschaft und Mutterschaft

Häusliche Pflege

(z. B. ärztliche Betreuung, Haushaltshilfe) – zu Hause verbleiben kann.

Eine zeitliche Begrenzung der häuslichen Pflege ist nicht vorgesehen. Sie ist deshalb so lange zu gewähren, wie sie von einem Arzt oder einer Hebamme für notwendig und begründet erachtet wird.

Für die Zeit vor der Entbindung kann häusliche Pflege zum Beispiel bei drohender Fehlgeburt in Betracht kommen. Für die Zeit nach der Entbindung liegt die Notwendigkeit so lange vor, wie die Frau durch die Entbindung oder deren Folgen noch geschwächt ist.

Der Umfang der Leistung bestimmt sich nach dem Gesundheitszustand der Versicherten und dem Bedürfnis nach persönlicher Betreuung. Er reduziert sich, wenn eine im Haushalt lebende Person die Versicherte ganz oder teilweise pflegen und versorgen kann.

Die häusliche Pflege muss nicht im eigenen Haushalt erbracht werden. Sie kann deshalb zum Beispiel auch im Haushalt einer Verwandten oder einer Bekannten der Versicherten durchgeführt werden.

Wichtig: Behandlungspflege kommt im Rahmen der häuslichen Pflege nicht in Betracht, da der Versicherungsfall „Krankheit" nicht vorliegt. Liegt er vor, hat die gesetzliche Krankenkasse die insoweit vergleichbare häusliche Krankenpflege zu leisten.

Die gesetzliche Krankenkasse muss darauf achten, dass die Leistung wirtschaftlich und preisgünstig erbracht wird. Hat die gesetzliche Krankenkasse zur Durchführung von häuslicher Pflege geeignete Personen angestellt oder mit anderen geeigneten Personen, Einrichtungen oder Unternehmen entsprechende Verträge geschlossen, sind solche Pflegekräfte von der Versicherten vorrangig in Anspruch zu nehmen.

> **Praxis-Tipp:**
> Die häusliche Pflege ist bei der gesetzlichen Krankenkasse grundsätzlich vor dem Tätigwerden der Pflegekraft zu beantragen.

Krankenkassenleistungen

> Dem Antrag ist eine ärztliche Bescheinigung beizufügen, die Angaben enthält über:
> - den Grund der häuslichen Pflege
> - die Art
> - die Intensität
> - die voraussichtliche Dauer der erforderlichen Maßnahmen

3 Haushaltshilfe

Die Versicherte erhält Haushaltshilfe, soweit ihr wegen Schwangerschaft oder Entbindung die Weiterführung des Haushalts nicht möglich ist und eine andere im Haushalt lebende Person den Haushalt nicht weiterführen kann.

Kann die gesetzliche Krankenkasse keine Haushaltshilfe stellen oder besteht Grund, davon abzusehen, sind der Versicherten die Kosten für eine selbstbeschaffte Haushaltshilfe in angemessener Höhe zu erstatten.

Für Verwandte und Verschwägerte bis zum zweiten Grad werden keine Kosten erstattet. Nach dem Urteil des Bundessozialgerichts vom 16.11.1999 (Az. B 1 KR 16/98 R) gilt dies auch für getrennt lebende und geschiedene Ehegatten. Die gesetzliche Krankenkasse kann jedoch die erforderlichen Fahrkosten und den Verdienstausfall erstatten, wenn die Erstattung in einem angemessenen Verhältnis zu den sonst für eine Ersatzkraft entstehenden Kosten steht.

Anspruch auf Haushaltshilfe wegen der Entbindung besteht bei:
- stationärer Entbindung
- frühzeitiger Rückkehr aus der stationären Entbindung
- Hausentbindung

Während der Schwangerschaft kommt Haushaltshilfe nur in begründeten Ausnahmefällen in Betracht (z. B. bei ärztlich angeordneter Bettruhe).

Haushaltshilfe

Die Notwendigkeit und der Umfang der Leistung ist von der gesetzlichen Krankenkasse unter Berücksichtigung der individuellen Verhältnisse zu prüfen.

Der Anspruch auf Haushaltshilfe setzt voraus, dass die Versicherte einen Haushalt hat und diesen Haushalt auch geführt hat.

Wichtig: Der Anspruch auf Haushaltshilfe setzt im Übrigen nicht voraus, dass ein Kind in dem Haushalt lebt.

Deshalb ist der Anspruch ausgeschlossen, wenn die wesentlichen Haushaltsarbeiten einschließlich der Beaufsichtigung und Betreuung der Kinder zum Beispiel durch eine Hausangestellte verrichtet wurden.

Sofern diese Arbeiten ganz oder teilweise von einer im Haushalt der Versicherten lebenden Person weiterhin durchgeführt werden, entfällt in entsprechendem Umfang die Leistungspflicht der gesetzlichen Krankenkasse.

Die Versicherte muss glaubhaft machen, dass eine andere im Haushalt lebende Person den Haushalt nicht oder nur in reduziertem Umfang weiterführen kann.

Der Anspruch auf Haushaltshilfe ist nicht zeitlich begrenzt. Sie ist – wie die häusliche Pflege – deshalb so lange zu gewähren, wie sie von einem Arzt oder einer Hebamme für notwendig und begründet erachtet wird.

Die Krankenkasse kann in ihrer Satzung zusätzliche, vom Gemeinsamen Bundesausschuss nicht ausgeschlossene Leistungen in der fachlich gebotenen Qualität im Bereich der Haushaltshilfe vorsehen (§ 11 Abs. 6 SGB V).

> **Praxis-Tipp:**
>
> Die Haushaltshilfe ist – von dringenden Fällen abgesehen – vor ihrer Inanspruchnahme bei der gesetzlichen Krankenkasse zu beantragen. Diesem Antrag ist eine ärztliche Bescheinigung beizufügen, die auch Angaben über die voraussichtliche Dauer der erforderlichen Maßnahmen enthalten muss.

Krankenkassenleistungen

Im Bereich der landwirtschaftlichen Krankenversicherung ist es zusätzlich möglich, Betriebshilfe zu gewähren, wenn die Bewirtschaftung des Unternehmens gefährdet ist.

Wichtig: Umfassende Informationen über das Mutterschaftsgeld der gesetzlichen Krankenversicherung finden Sie in Kapitel 4.

Früherkennungsuntersuchungen für Kinder

Zu den Leistungen zur Früherkennung von Krankheiten, die in den §§ 25 bis 26 SGB V enthalten sind, zählen auch die Kinderuntersuchungen (§ 26 SGB V in der Fassung des Präventionsgesetzes vom 17.07.2015). Danach haben versicherte Kinder und Jugendliche bis zur Vollendung des 18. Lebensjahres Anspruch auf Untersuchungen zur Früherkennung von Krankheiten, die ihre körperliche, geistige oder psychosoziale Entwicklung in nicht geringfügigem Maß gefährden.

Die Untersuchungen beinhalten eine Erfassung und Bewertung gesundheitlicher Risiken einschließlich einer Überprüfung der Vollständigkeit des Impfstatus sowie einer darauf abgestimmten präventionsorientierten Beratung, einschließlich Informationen zu regionalen Unterstützungsangeboten für Eltern und Kind.

Zu den Früherkennungsuntersuchungen auf Zahn-, Mund- und Kieferkrankheiten gehören insbesondere die Inspektion der Mundhöhle, die Einschätzung oder Bestimmung des Kariesrisikos, die Ernährungs- und Mundhygieneberatung sowie Maßnahmen zur Schmelzhärtung der Zähne und zur Keimzahlsenkung. Diese Leistungen werden bis zur Vollendung des 6. Lebensjahres erbracht und können von Ärzten oder Zahnärzten durchgeführt werden.

Die Krankenkassen haben im Zusammenwirken mit den für die Kinder- und Gesundheitspflege durch Landesrecht bestimmten Stellen der Länder auf eine Inanspruchnahme der Kinderuntersuchungsleistungen hinzuwirken. Zur Durchführung dieser Maßnahmen schließen die Landesverbände der Krankenkassen und die Ersatzkassen mit den zuständigen Landesstellen gemeinsame Rahmenvereinbarungen.

Früherkennungsuntersuchungen für Kinder

Näheres über die Kinderuntersuchungen hat der Gemeinsame Bundesausschuss in Richtlinien festgelegt. Sie datieren vom 18.06.2015 und wurden zuletzt am 24.11.2016 geändert. Die nach den Richtlinien durchzuführenden ärztlichen Maßnahmen bei Kindern bis zur Vollendung des 6. Lebensjahres dienen der Früherkennung von Krankheiten, die eine normale körperliche oder geistige Entwicklung des Kindes in nicht geringfügigem Maß gefährden.

Daher haben sich ärztliche Maßnahmen zu richten auf:

- Störungen in der Neugeborenenperiode
- angeborene Stoffwechselstörungen
- endokrine Störungen, Vitaminosen
- Entwickungs- und Verhaltensstörungen
- das Nervensystem
- Sinnesorgane
- Zähne, Kiefer, Mundhöhle
- Herz/Kreislauf
- Atmungsorgane
- Verdauungsorgane
- Nieren und Harnweg
- Geschlechtsorgane
- Skelett und Muskulatur
- Haut
- multiple Fehlbildungen

Zu beachten sind im Übrigen auch die Richtlinien des Gemeinsamen Bundesausschusses zur Jugendgesundheitsuntersuchung (J) vom 26.06.1998, zuletzt geändert am 21.07.2016.

Krankenkassenleistungen

Überblick über einzelne ärztliche Untersuchungen

U1 Neugeborenen-Erstuntersuchung unmittelbar nach der Geburt	Erkennen von lebensbedrohlichen Komplikationen und sofort behandlungsbedürftigen Erkrankungen und Fehlbildungen, Schwangerschafts-, Geburts- und Familienanamnese, Kontrolle von Atmung, Herzschlag, Hautfarbe, Reifezeichen
Erweitertes Neugeborenen-Screening 2. bis 3. Lebenstag	Früherkennung von angeborenen Stoffwechseldefekten und endokrinen Störungen
Neugeborenen-Hör- screening bis zum 3. Lebenstag	Hörscreening zur Erkennung beidseitiger Hörstörungen ab einem Hörverlust von 35 Dezibel
U2 3. bis 10. Lebenstag	Erkennen von angeborenen Erkrankungen und wesentlichen Gesundheitsrisiken, Vermeidung von Komplikationen: Anamnese und eingehende Untersuchung von Organen, Sinnesorganen und Reflexen
U3 4. bis 5. Lebenswoche	Prüfung der altersgemäßen Entwicklung der Reflexe, der Motorik, des Gewichts und der Reaktionen, Untersuchung der Organe, Abfrage des Trink-, Verdauungs- und Schlafverhaltens, Untersuchung der Hüftgelenke auf Hüftgelenksdysplasie und -luxation
U4 3. bis 4. Lebensmonat	Untersuchung der altersgerechten Entwicklung und Beweglichkeit des Säuglings, der Organe, Sinnesorgane, Geschlechtsorgane und der Haut, Untersuchung von Wachstum, Motorik und Nervensystem
U5 6. bis 7. Lebensmonat	Untersuchung der altersgerechten Entwicklung und Beweglichkeit, der Organe, Sinnesorgane, Geschlechtsorgane und der Haut, Untersuchung von Wachstum, Motorik und Nervensystem

Früherkennungsuntersuchungen für Kinder

Überblick über einzelne ärztliche Untersuchungen	
U6 10. bis 12. Lebensmonat	Untersuchung der altersgemäßen Entwicklung, der Organe, Sinnesorgane (insbesondere der Augen), Kontrolle des Bewegungsapparats, der Motorik, der Sprache und der Interaktion
U7 21. bis 24. Lebensmonat	Untersuchung der altersgemäßen Entwicklung, Erkennen von Sehstörungen, Test der sprachlichen Entwicklung, Feinmotorik und Körperbeherrschung
U7a 34. bis 36. Lebensmonat	Schwerpunkt auf altersgerechter Sprachentwicklung, frühzeitige Erkennung von Sehstörungen
U8 46. bis 48. Lebensmonat	Intensive Prüfung der Entwicklung von Sprache, Aussprache und Verhalten, Untersuchung von Beweglichkeit und Koordinationsfähigkeit, Reflexen, Muskelkraft und Zahnstatus
U9 60. bis 64. Lebensmonat	Prüfung der Motorik, des Hör- und Sehvermögens und der Sprachentwicklung, um eventuelle Krankheiten und Fehlentwicklungen vor dem Schuleintritt zu erkennen und gegenzuwirken
J1 13. bis 14. Lebensjahr	Untersuchung des allgemeinen Gesundheitszustands und der Wachstumsentwicklung, der Organe und des Skelettsystems, Erhebung des Impfstatus, Untersuchung des Stands der Pubertätsentwicklung, der seelischen Entwicklung und des Auftretens von psychischen Auffälligkeiten, von Schulleistungsproblemen und gesundheitsgefährdendem Verhalten (Rauchen, Alkohol- und Drogenkonsum), Beratung auf Grundlage des individuellen Risikoprofils des Jugendlichen zu Möglichkeiten und Hilfen zur Vermeidung gesundheitsschädigender Verhaltensweisen und Tipps für eine gesunde Lebensführung

Krankenkassenleistungen

Einzelne zahnärztliche Untersuchungen im Überblick	
30. bis 72. Lebensmonat	zahnärztliche Früherkennungsuntersuchungen auf Zahn-, Mund- und Kieferkrankheiten u. a. mit eingehender Untersuchung und Inspektion der Mundhöhle, Einschätzung des Kariesrisikos, Beratung auch der Erziehungsberechtigten zu Mundhygiene und Ernährung, Motivation zur Prophylaxe und Empfehlung geeigneter Fluoridierungsmittel
6. bis 18. Lebensjahr	individualprophylaktische Leistungen u. a. mit Erhebung des Mundhygienestatus, Aufklärung des Versicherten und ggf. dessen Erziehungsberechtigten über Krankheitsursachen sowie deren Vermeidung, Motivation und Remotivation, lokale Fluoridierung und Versiegelung kariesfreier Fissuren und Grübchen von Backenzähnen. Ab dem zwölften Lebensjahr werden die halbjährlichen Untersuchungen in ein Bonusheft eingetragen; diese Eintragungen sollen eine regelmäßige Zahnpflege nachweisen und erhöhen die Festzuschüsse, wenn später Zahnersatz erforderlich werden sollte

Quelle: Bundesgesundheitsministerium

Mutter-/Vater-Kind-Maßnahmen

Nach § 23 Abs. 1 SGB V haben Versicherte Anspruch auf ärztliche Behandlung und Versorgung mit Arznei-, Verband-, Heil- und Hilfsmitteln, wenn diese notwendig sind,

- eine Schwächung der Gesundheit, die in absehbarer Zeit voraussichtlich zu einer Krankheit führen würde, zu beseitigen,
- einer Gefährdung der gesundheitlichen Entwicklung eines Kindes entgegenzuwirken,
- Krankheiten zu verhüten oder deren Verschlimmerung zu vermeiden oder
- Pflegebedürftigkeit zu verhindern.

Mutter-/Vater-Kind-Maßnahmen

Reichen diese Leistungen nicht aus oder können sie wegen besonderer beruflicher oder familiärer Umstände nicht durchgeführt werden, kann die Krankenkasse aus medizinischen Gründen erforderliche ambulante Vorsorgeleistungen in anerkannten Kurorten erbringen. Im Übrigen kann die Satzung der Krankenkasse zu weiteren Kosten, die Versicherten im Zusammenhang mit der Leistung entstehen, einen Zuschuss von bis zu 16 Euro täglich vorsehen. Bei ambulanten Vorsorgeleistungen für versicherte chronisch kranke Kleinkinder kann der Zuschuss auf bis zu 25 Euro täglich erhöht werden. Unter bestimmten Voraussetzungen kann die Krankenkasse Behandlung mit Unterkunft und Verpflegung in einer Vorsorgeeinrichtung erbringen (§ 23 Abs. 4 SGB V).

Wichtig: Unter den oben aufgeführten, in § 23 Abs. 1 SGB V genannten Voraussetzungen haben Versicherte Anspruch auf eine aus medizinischen Gründen erforderliche Vorsorgeleistung in einer Einrichtung des Müttergenesungswerks oder einer gleichartigen Einrichtung. Die Leistung kann in Form einer Mutter-Kind-Maßnahme erbracht werden. Gleiches gilt für Vater-Kind-Maßnahmen in dafür geeigneten Einrichtungen.

Versicherte, die das 18. Lebensjahr vollendet haben, entrichten je Kalendertag eine Zuzahlung von 10 Euro an die Einrichtung. Die Zahlung ist an die Krankenkasse weiterzuleiten.

Leistungen zur medizinischen Rehabilitation werden in § 40 SGB V vorgesehen. Außerdem haben Versicherte Anspruch auf aus medizinischen Gründen erforderliche Rehabilitationsleistungen in einer Einrichtung des Müttergenesungswerks oder einer gleichartigen Einrichtung. Die Leistung kann in Form einer Mutter-Kind- bzw. Vater-Kind-Maßnahme erbracht werden.

Der GKV-Spitzenverband hat in einem Rundschreiben darauf hingewiesen, dass Mutter-/Vater-Kind-Maßnahmen nur stationär erbracht werden. Der sonst bestehende Grundsatz „ambulant vor stationär" gilt hier nicht. Außerdem gibt es Richtlinien, die hier zu beachten sind.

Mutterschaftsgeld

Wer hat Anspruch? 86
Mutterschaftsgeld der gesetzlichen Krankenversicherung... 86
Höhe des Mutterschaftsgelds 89
Dauer des Anspruchs auf Mutterschaftsgeld 90
Mutterschaftsgeld in Höhe des Krankengelds 92

4

Wer hat Anspruch?

Mutterschaftsgeld wird unterschieden in:

- Mutterschaftsgeld der Krankenversicherung
- Mutterschaftsgeld des Bundes (Kapitel 2, ab Seite 52).

Mutterschaftsgeld der gesetzlichen Krankenversicherung

Das Mutterschaftsgeld der gesetzlichen Krankenversicherung wird unterschieden in:

- Mutterschaftsgeld in Höhe des Nettoarbeitsentgelts
- Mutterschaftsgeld in Höhe des Krankengelds

Das Mutterschaftsgeld in Höhe des Nettoarbeitsentgelts wird auch als reguläres Mutterschaftsgeld bezeichnet.

Das Mutterschaftsgeld wird ohne Rücksicht darauf gewährt, ob die Versicherte stationär oder ambulant behandelt wird.

Der Anspruch auf Mutterschaftsgeld ruht, soweit und solange das Mitglied beitragspflichtiges Arbeitsentgelt oder Arbeitseinkommen erhält. Das gilt nicht für einmalig gezahltes Arbeitsentgelt.

Mutterschaftsgeld der gesetzlichen Krankenversicherung

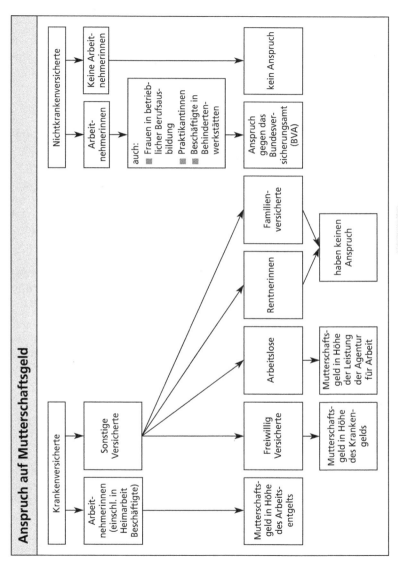

Mutterschaftsgeld

Wer bekommt das reguläre Mutterschaftsgeld?

Mutterschaftsgeld erhalten weibliche Mitglieder der gesetzlichen Krankenversicherung, die bei Beginn der Schutzfrist vor der Entbindung

- in einem Arbeitsverhältnis oder
- in Heimarbeit beschäftigt sind oder
- deren Arbeitsverhältnis während ihrer Schwangerschaft oder während der Schutzfrist nach der Entbindung durch Genehmigung der zuständigen Behörde aufgelöst worden ist.

Das Gesetz fordert das Bestehen einer Mitgliedschaft in der gesetzlichen Krankenversicherung als Voraussetzung für das Mutterschaftsgeld. Es ist nicht notwendig, dass eine Pflichtmitgliedschaft vorliegt.

Wichtig: Ein Familienversicherungsverhältnis reicht nicht aus.

Ist die betreffende Frau beispielsweise wegen Überschreitens der Jahresarbeitsentgeltgrenze freiwillig gesetzlich versichert, kann trotzdem Anspruch auf reguläres Mutterschaftsgeld bestehen.

Stellt sich bei Vorlage der entsprechenden Bescheinigung vor der Schutzfrist heraus, dass die Betreffende nicht versichert ist, ist sie dies aber sechs Wochen vor der tatsächlichen Entbindung, hat sie Anspruch auf Mutterschaftsgeld, wenn die übrigen Voraussetzungen erfüllt sind.

Wichtig: Art und Umfang des Arbeitsverhältnisses spielen für die Begründung des Anspruchs auf Mutterschaftsgeld keine Rolle. Auch vorübergehende und geringfügig entlohnte Beschäftigungen gelten deshalb als Arbeitsverhältnisse.

Es ist für den Anspruch auf Mutterschaftsgeld auch ohne Bedeutung, wenn es sich bei dem zu Beginn der Schutzfrist bestehenden Arbeitsverhältnis um ein befristetes handelt. Der spätere Wegfall des Arbeitsverhältnisses lässt den einmal entstandenen Anspruch unberührt.

Für Mitglieder, deren Arbeitsverhältnis während der Mutterschutzfristen vor oder nach der Geburt beginnt, wird das Mutterschaftsgeld von Beginn des Arbeitsverhältnisses an gezahlt.

Das Gesetz zur Stärkung der Versorgung in der gesetzlichen Krankenversicherung (GKV-Versorgungsstärkungsgesetz – GKV-VSG) hat § 24i Abs. 1 SGB V ergänzt und so den Kreis der Anspruchsberechtigten für das Mutterschaftsgeld erweitert. Die Bundesregierung begründete diesen Entschluss damit, dass bisher die Rechtslage in Fällen, in denen ein Beschäftigungsverhältnis am Tag vor Beginn der Schutzfrist vor der Entbindung endete (sechs Wochen, beachten Sie dazu Seite 39), nicht geklärt war.

Um die soziale Absicherung der betroffenen Schwangeren sicherzustellen, wurde nun klargestellt, dass auch in den Fällen ein Anspruch auf Mutterschaftsgeld besteht, in denen Frauen mit Beginn der Schutzfrist nicht mehr Mitglied der gesetzlichen Krankenversicherung mit Anspruch auf Mutterschaftsgeld sind.

Die neue Rechtslage führt dazu, dass die Mitgliedschaft aufgrund des sich nahtlos an das Ende der versicherungspflichtigen Beschäftigung anschließenden Anspruchs auf Mutterschaftsgeld nach § 192 Abs. 1 Nr. 2 SGB V erhalten bleibt. Bei Frauen, die zuletzt während der Beschäftigung freiwilliges Mitglied waren, beinhaltet die über das Ende des Arbeitsverhältnisses fortbestehende freiwillige Mitgliedschaft künftig ebenfalls einen Anspruch auf Mutterschaftsgeld.

Im Übrigen wird der Anspruch auf Mutterschaftsgeld ausdrücklich auch auf diejenigen Frauen erstreckt, die zu Beginn der Mutterschutzfrist allein deshalb keinen Anspruch auf Mutterschaftsgeld haben, weil ihr Anspruch auf Arbeitslosengeld nach § 157 SGB III wegen einer Sperrzeit ruht und eine Mitgliedschaft mit einem Krankengeldanspruch nicht begründet werden kann.

Der Anspruch auf Mutterschaftsgeld ruht, solange Anspruch auf Arbeitsentgelt, Arbeitseinkommen oder Urlaubsabgeltung besteht. Das gilt nicht für einmalig gezahltes Arbeitsentgelt (z. B. Weihnachtsgratifikation).

Höhe des Mutterschaftsgelds

Als Mutterschaftsgeld wird das um die gesetzlichen Abzüge verminderte durchschnittliche kalendertägliche Arbeitsentgelt der letzten drei abgerechneten Kalendermonate vor Beginn der

Mutterschaftsgeld

Schutzfrist vor der Entbindung gezahlt. Bei wöchentlicher Abrechnung sind die letzten 13 abgerechneten Wochen maßgebend.

Die Berechnung des Mutterschaftsgelds der gesetzlichen Krankenkassen erfolgt in gleicher Weise wie die Berechnung des Mutterschaftsgelds nach dem Mutterschutzgesetz, des Zuschusses zum Mutterschaftsgeld und des Mutterschutzlohns. Siehe hierzu insbesondere ab Seite 48.

> **Praxis-Tipp:**
> Die Verdienstbescheinigung wird vom Arbeitgeber elektronisch an die zuständige Krankenkasse übermittelt. Das hat mittels gesicherter und verschlüsselter Datenübertragung aus systemgeprüften Programmen mit elektronischen Ausfüllhilfen zu erfolgen. Einzelheiten werden in Richtlinien geregelt.

Dauer des Anspruchs auf Mutterschaftsgeld

Das Mutterschaftsgeld wird gewährt für:

- sechs Wochen vor der Entbindung
- acht Wochen nach der Entbindung
- zwölf Wochen nach der Entbindung bei Mehrlingsgeburten und Frühgeburten sowie im Falle der Behinderung des Kindes

Bei einer Frühgeburt und sonstiger vorzeitiger Entbindung verlängert sich die Schutzfrist und damit auch die Dauer des Anspruchs auf Mutterschaftsgeld nach der Entbindung um den Zeitraum, der vor der Entbindung nicht in Anspruch genommen werden konnte.

Beispiele:

Voraussichtlicher Entbindungstag	= 24.06.
Anspruchsbeginn auf Mutterschaftsgeld (auch: Beginn der Schutzfrist vor der Entbindung)	= 13.05.
Letzter Arbeitstag	= 12.05.
Entbindungstag (Frühgeburt)	= 25.05.
Damit vor der Entbindung nur in Anspruch genommen	= 12 Tage
Nicht in Anspruch genommen	= 30 Tage

Dauer des Anspruchs auf Mutterschaftsgeld

Zwölf-Wochen-Frist	= 26.05.–17.08.
Verlängerung um 30 Tage	= 18.08.–16.09.
Voraussichtlicher Entbindungstag	= 24.06.
Anspruchsbeginn auf Mutterschaftsgeld (auch: Beginn der Schutzfrist vor der Entbindung)	= 13.05.
Letzter Arbeitstag	= 09.05.
Entbindungstag (Frühgeburt)	= 10.05.
Damit vor der Entbindung nur in Anspruch genommen	= 0 Tage
Nicht in Anspruch genommen	= 42 Tage
Zwölf-Wochen-Frist	= 11.05.–02.08.
Verlängerung um 42 Tage	= 03.08.–13.09.

Wichtig: Die Daten in den beiden Beispielen können entsprechend für Frauen angewandt werden, die bei Beginn der Schutzfrist vor der Entbindung

- arbeitsunfähig waren (Krankengeldbezug oder Entgeltfortzahlung),
- bezahlten oder unbezahlten Urlaub hatten,
- als Arbeitslose gesetzlich krankenversichert waren (gilt auch für Bezieherinnen von Arbeitslosengeld II).

In Tagen berechnet beläuft sich die Anspruchsdauer auf Mutterschaftsgeld

- vor der Entbindung auf 42 Tage
- für den Entbindungstag auf 1 Tag
- nach der Entbindung auf 56 Tage (keine Früh- oder Mehrlingsgeburt, kein behindertes Kind),

zusammen also auf 99 Tage,

- bei einer Frühgeburt und sonstigen vorzeitigen Entbindung oder bei einer Geburt von mehr als einem Kind sowie Feststellung der Behinderung des Kindes vor Ablauf von acht Wochen nach der Entbindung besteht der Anspruch auf 84 Tage

zusammen also auf 127 Tage.

Mutterschaftsgeld

Bei Geburten nach dem voraussichtlichen Tag der Entbindung verlängert sich die Bezugsdauer vor der Geburt entsprechend.

Wichtig: Für die Zahlung des Mutterschaftsgelds vor der Entbindung ist das Zeugnis eines Arztes oder einer Hebamme maßgebend, in dem der voraussichtliche Entbindungstag angegeben ist.

Dieses Zeugnis über den voraussichtlichen Entbindungstermin darf frühestens eine Woche vor Beginn der Schutzfrist ausgestellt werden. Das sind frühestens 49 Kalendertage vor dem voraussichtlichen Entbindungstag.

> **Praxis-Tipp:**
> Die Ärzte und Hebammen verwenden für dieses Zeugnis einen Vordruck, der auf Bundesebene mit den gesetzlichen Krankenkassen vereinbart worden ist. In Zusammenhang mit der Ausstellung des Zeugnisses fallen für die versicherte Frau keine Kosten an.

Mutterschaftsgeld in Höhe des Krankengelds

Krankenversicherte Frauen, denen kein Anspruch auf Mutterschaftsgeld in Höhe des Nettoarbeitsentgelts zusteht, erhalten Mutterschaftsgeld von ihrer gesetzlichen Krankenkasse in Höhe des Krankengelds.

Das Gesetz spricht hier von „anderen Mitgliedern". Andere Mitglieder in diesem Sinne sind Frauen, die zwar nicht bei Beginn der Schutzfrist in einem Arbeitsverhältnis standen, bei Arbeitsunfähigkeit aber aus ihrem Versicherungsverhältnis Anspruch auf Krankengeld haben (Nicht-Arbeitnehmerinnen).

Zu den Nicht-Arbeitnehmerinnen gehören:

- freiwillig Versicherte, die mit Anspruch auf Krankengeld versichert sind

- Bezieherinnen von Leistungen aus der Arbeitslosenversicherung

- selbstständige Künstlerinnen und Publizistinnen

Mutterschaftsgeld in Höhe des Krankengelds

- Teilnehmerinnen an Maßnahmen zur Teilhabe am Arbeitsleben
- behinderte Frauen, auch bei Beschäftigung in einer Behindertenwerkstatt
- Antragstellerinnen auf eine Rente aus der gesetzlichen Rentenversicherung, sofern gleichzeitig beitragspflichtiges Arbeitseinkommen (aus selbstständiger Tätigkeit) bezogen wird
- Bezieherinnen von Rente wegen Erwerbsminderung
- Personen, die keinen anderweitigen Anspruch auf Absicherung im Krankheitsfall haben, wenn sie selbstständig oder nur geringfügig beschäftigt sind

Besteht nach dem voraussichtlichen Entbindungstermin kein Anspruch auf Mutterschaftsgeld in Höhe des Nettoarbeitsentgelts, sondern nur in Höhe des Krankengelds, wird, wenn sich bei Kenntnis des wirklichen Entbindungstermins etwas anderes ergibt, der tatsächlich bestehende Anspruch auf Mutterschaftsgeld in Höhe des Nettoarbeitsentgelts realisiert.

Das Gleiche gilt, wenn sich erst nach der Entbindung herausstellt, dass ein Mutterschaftsgeldanspruch in Höhe des Krankengelds besteht.

> **Praxis-Tipp:**
> Das Mutterschaftsgeld in Höhe des Krankengelds wird für den gleichen Zeitraum gewährt wie das Mutterschaftsgeld in Höhe des Nettoarbeitsentgelts.

Die zeitliche Anspruchsvoraussetzung auf Mutterschaftsgeld in Höhe des Nettoarbeitsentgelts gilt auch für das Mutterschaftsgeld in Höhe des Krankengelds.

Wie wird das Mutterschaftsgeld in Höhe des Krankengelds berechnet?

Die Berechnung erfolgt wie beim Krankengeld. Maßgebend für die Berechnung ist das Arbeitsentgelt, das von der Versicherten im letzten Abrechnungszeitraum vor der Schutzfrist (vor der Entbindung) erzielt wird. Der Bemessungszeitraum muss mindestens

Mutterschaftsgeld

vier Wochen umfassen, ist aber kürzer, wenn das Beschäftigungsverhältnis nicht so lange besteht.

Wichtig: Einmalig gezahltes Arbeitsentgelt (z. B. Weihnachtsgeld) ist anteilig zu berücksichtigen. Zum kalendertäglichen Arbeitsentgelt wird nämlich der 360. Teil des in den letzten zwölf Kalendermonaten vor Schutzfristbeginn erzielten einmalig gezahlten Arbeitsentgelts hinzugerechnet.

Das ermittelte Entgelt ist durch die Zahl der Stunden zu teilen, für die es erzielt wurde. Dies ergibt den Stundenlohn. Danach sind die regelmäßigen wöchentlichen Arbeitsstunden zu ermitteln und mit dem Stundenlohn zu vervielfachen. Das Ergebnis wird durch sieben geteilt.

Wurde das Arbeitsentgelt nach Monaten bemessen oder ist eine Berechnung nach Vorstehendem nicht möglich, ist das Bruttoarbeitsentgelt durch 30 zu teilen.

Das ermittelte Zwischenergebnis wird als Regelentgelt bezeichnet. Es darf den kalendertäglichen Betrag der Beitragsbemessungsgrenze zur Krankenversicherung nicht überschreiten. 2018 sind das 147,50 Euro. 70 Prozent des Regelentgelts stellt das kalendertägliche Krankengeld dar. 2018 sind das höchstens 103,25 Euro. Das Krankengeld ist auf 90 Prozent des Nettoentgelts begrenzt.

> **Praxis-Tipp:**
> Für Arbeitslose wird das Mutterschaftsgeld in Höhe der Leistung der Agentur für Arbeit gezahlt. Das gilt allerdings nicht für Bezieherinnen von Arbeitslosengeld II.

Elterngeld

Wer hat Anspruch auf Elterngeld?	96
Höhe des Elterngelds	103
Elterngeldstellen	111
Unterlagen, die Sie benötigen	113
Landeserziehungsgeld	114

Wer hat Anspruch auf Elterngeld?

Das Elterngeld ist mit Wirkung vom 10.01.2007 an die Stelle des Erziehungsgelds getreten. Elterngeld nach dem Gesetz zum Elterngeld und zur Elternzeit (Bundeselterngeld- und Elternzeitgesetz – BEEG) wird gewährt, wenn das Kind nach dem 31.12.2006 geboren ist. Für Kinder, die vor dem 01.01.2007 geboren wurden, ist nach wie vor das Erziehungsgeld maßgebend. Das Bundeselterngeld- und Elternzeitgesetz wurde mehrfach geändert, im Wesentlichen zuletzt durch das Gesetz zur Vereinfachung des Elterngeldvollzugs vom 10.09.2012, das am 18.09.2012 in Kraft getreten ist. Weitere Änderungen ergaben sich durch das Inkrafttreten des Heil- und Hilfsmittelversorgungsgesetzes zum 11.04.2017 sowie des Gesetzes zur Neuregelung des Mutterschutzrechts zum 01.01.2018.

Ergänzend hierzu bestehen in verschiedenen Bundesländern Gesetze, die dem Erziehungsgeld bzw. dem Elterngeld vergleichbare Leistungen vorsehen (vgl. Landeserziehungsgeld, Seite 114 ff.).

Für den Anspruch auf Elterngeld ist es gleichgültig, ob Elternzeit besteht oder nicht. Überhaupt kommt es nicht darauf an, dass es sich bei der betreffenden Frau um eine Arbeitnehmerin handelt. Anspruch auf Elterngeld besteht für alle Frauen und im Übrigen auch für Männer. Der Elterngeldanspruch ist nicht vom Geschlecht abhängig.

Seit 01.01.2015 besteht bei Mehrlingsgeburten nur ein Anspruch auf Elterngeld (§ 1 Abs. 1 BEEG). Für vor dem 01.01.2015 geborene oder mit dem Ziel der Adoption aufgenommene Kinder ist § 1 BEEG in der bis zum 31.12.2014 geltenden Fassung weiter anzuwenden (§ 27 Abs. 1 BEEG in der seit 01.01.2015 geltenden Fassung).

Erfüllen beide Ehegatten die Anspruchsvoraussetzungen, wird das Elterngeld in der Regel demjenigen gewährt, den sie zum Berechtigten bestimmen. Das insgesamt für höchstens 14 Monate zu gewährende Elterngeld kann von den Eltern gleichzeitig bezogen werden.

Anspruch auf Elterngeld hat, wer:

- seinen Wohnsitz oder gewöhnlichen Aufenthalt in der Bundesrepublik Deutschland hat

Wer hat Anspruch auf Elterngeld?

- das Kind selbst erzieht und betreut
- mit seinem Kind in einem Haushalt lebt
- nicht erwerbstätig ist oder nicht mehr als 30 Wochenstunden Teilzeitarbeit leistet

Auch ohne Wohnsitz oder gewöhnlichen Aufenthalt in Deutschland kann Elterngeld gewährt werden an:

- Personen, die von ihrem Arbeitgeber oder Dienstherrn zur vorübergehenden Dienstleistung ins Ausland entsandt worden sind
- Entwicklungshelfer
- Personen, die die deutsche Staatsangehörigkeit besitzen und nur vorübergehend bei einer zwischen- oder überstaatlichen Einrichtung tätig sind

Gleiches gilt für den mit einer solchen Person in einem Haushalt lebenden Ehegatten oder Lebenspartner.

Elterngeld wird auch an Beamtinnen und Selbstständige gezahlt.

Auszubildende, Schüler und Studenten erhalten Elterngeld unabhängig davon, ob sie ihre Ausbildung unterbrechen.

Auch freizügigkeitsberechtigte Ausländer (EU-/EWR-Bürger, Staatsangehörige aus der Schweiz) haben einen Anspruch auf Elterngeld.

Nicht freizügigkeitsberechtigte Ausländer sind nur anspruchsberechtigt, wenn sie eine Niederlassungserlaubnis oder eine Aufenthaltserlaubnis besitzen. Letztere muss zur Ausübung einer Erwerbstätigkeit berechtigen. Hier gibt es aber einige Ausnahmen.

Unter bestimmten Voraussetzungen besteht Anspruch auch für Mitglieder der Truppe oder des zivilen Gefolges eines NATO-Mitgliedstaats.

Anspruch auf Elterngeld hat ferner, wer:

- mit einem Kind in einem Haushalt lebt, das er mit dem Ziel der Annahme als Kind aufgenommen hat
- ein Kind des Ehegatten oder Lebenspartners in seinen Haushalt aufgenommen hat

Elterngeld

- mit einem Kind in einem Haushalt lebt und die von ihm erklärte Anerkennung der Vaterschaft noch nicht wirksam oder über die von ihm beantragte Vaterschaftsfeststellung noch nicht entschieden ist

Wichtig: Für angenommene oder mit dem Ziel der Annahme als Kind in den Haushalt aufgenommene Kinder sind die Vorschriften des Bundeselterngeld- und Elternzeitgesetzes mit der Maßgabe anzuwenden, dass anstelle der Geburt der Zeitpunkt der Aufnahme in den Haushalt maßgeblich ist.

Der Anspruch auf Elterngeld besteht auch, wenn die Betreuung und Erziehung des Kindes aus einem wichtigen Grund nicht sofort aufgenommen werden kann oder unterbrochen werden muss.

Die Altersgrenze liegt bei gesunden Kindern bei sechs Jahren, bei Kindern mit Behinderungen bei bis zu 14 Jahren.

Besonderheiten bei Härtefällen

Können die Eltern wegen

- einer schweren Krankheit,
- Schwerbehinderung oder
- Tod

ihr Kind nicht betreuen, haben bestimmte Personen „ersatzweise" einen Anspruch auf Elterngeld.

Es handelt sich hier um:

- Verwandte bis zum dritten Grad
- ihre Ehegatten bzw. Lebenspartner

Voraussetzung ist aber, dass von keinem anderen Berechtigten Elterngeld in Anspruch genommen wird.

In einem solchen Fall müssen außerdem alle anderen Voraussetzungen für einen Elterngeldanspruch erfüllt sein.

Teilzeitarbeit ist möglich!

Wie bereits erwähnt, besteht die Anspruchsvoraussetzung für Elterngeld darin, dass keine volle Erwerbstätigkeit (mehr) ausgeübt

Wer hat Anspruch auf Elterngeld?

wird. Das ist der Fall, wenn die Arbeitszeit 30 Wochenstunden im Monatsdurchschnitt nicht übersteigt.

Vorstehendes gilt auch, wenn eine Beschäftigung zur Berufsausbildung ausgeübt wird. Gleiches ist anzuwenden, wenn der Elterngeldbezieher eine geeignete Tagespflegeperson im Sinne des Achten Buches Sozialgesetzbuch (SGB VIII) ist und nicht mehr als fünf Kinder in Tagespflege betreut.

> **Praxis-Tipp:**
> Die Regelung, dass die Teilzeitarbeit nicht mehr als 30 Stunden wöchentlich betragen darf, um unschädlich für den Anspruch auf Elterngeld zu sein, gilt sowohl für Arbeitnehmer als auch für Selbstständige und mithelfende Familienangehörige.

Bei Arbeitnehmern kann der Nachweis der zulässigen Teilzeitarbeit durch die Vorlage des Arbeitsvertrags erbracht werden.

Selbstständige und mithelfende Familienangehörige müssen erklären, welche Maßnahmen sie getroffen haben, um die Einschränkung ihrer Tätigkeit aufzufangen. Dazu gehört beispielsweise das Einstellen einer Ersatzkraft oder die Übertragung von Aufgaben auf andere Mitarbeiter.

Das Einkommen aus der Teilzeitarbeit wird mit berücksichtigt, wenn es um die Höhe des Elterngelds geht. Bei Aufnahme einer Teilzeitbeschäftigung wird das Elterngeld somit neu berechnet.

Anspruch bei Arbeitslosigkeit

Der Bezug von Arbeitslosengeld II oder Sozialhilfe schließt den Anspruch auf Elterngeld nicht aus. Für die Einkommensberechnung gilt: 300 Euro im Monat werden nicht als Einkommen berücksichtigt.

> **Praxis-Tipp:**
> Steht fest, dass Arbeitslosengeld wegen Zeitablaufs nur kurze Zeit bezogen werden kann, lohnt es sich unter Umständen,

Elterngeld

> keinen Antrag auf Elterngeld zu stellen und das Arbeitslosengeld bis zum Ablauf weiter zu beziehen. Nach Ende des Bezugs von Arbeitslosengeld kann dann Elterngeld bezogen werden. Gleichzeitig wird Arbeitslosengeld II beantragt, das neben dem Elterngeld gezahlt wird.
>
> Lassen Sie sich in einem solchen Fall unbedingt von der Elterngeldstelle oder der für Sie zuständigen Agentur für Arbeit beraten.

Das gilt auch in folgendem Ausnahmefall:

Wird der Arbeitnehmerin aus einem Grund, den sie nicht zu vertreten hat (z. B. Insolvenz), ausnahmsweise trotz Kündigungsschutz gekündigt und würde deshalb wegen des Bezugs von Arbeitslosengeld der Wegfall des Elterngelds eine unbillige Härte bedeuten, kann Arbeitslosengeld neben dem Elterngeld gezahlt werden.

Dauer des Anspruchs auf Elterngeld

Bundeselterngeld wird vom Tag der Geburt bis längstens zur Vollendung des 14. Lebensmonats des Kindes gewährt. Darüber hinaus wird in einigen Bundesländern noch zusätzlich Landeserziehungsgeld gewährt. Näheres hierzu ab Seite 114.

Elterngeld Plus

Seit 01.01.2015 gibt es das Elterngeld Plus. Es ist durch das Gesetz zur Einführung des Elterngeld Plus mit Partnerschaftsbonus und einer flexibleren Elternzeit in das Bundeselterngeld- und Elternzeitgesetz eingefügt worden. Das Elterngeld Plus kann auch nach dem 14. Lebensmonat bezogen werden, solange es ab dem 15. Lebensmonat in aufeinander folgenden Lebensmonaten von zumindest einem Elternteil in Anspruch genommen wird. Das „normale" Elterngeld wird als Basiselterngeld bezeichnet.

Geregelt ist das Elterngeld Plus in erster Linie in § 4 Abs. 3 BEEG. Dort wird bestimmt, dass die berechtigte Person, statt für einen Monat Elterngeld zu beanspruchen, jeweils zwei Monate ein Elterngeld beziehen kann, das – wie erwähnt – als Elterngeld

Wer hat Anspruch auf Elterngeld?

Plus bezeichnet wird. Es beträgt monatlich höchstens die Hälfte des Elterngelds, das der berechtigten Person zustünde, wenn sie während des Elterngelds keine zu berücksichtigenden Einnahmen hätte oder hat. Für die Berechnung des Elterngeld Plus halbieren sich:

- der Mindestbetrag für das Elterngeld (Mindestbetrag = 300 Euro)
- der Mindestgeschwisterbonus (siehe Seite 106)
- der Mehrlingszuschlag (siehe Seite 107)
- die von der Anrechnung freigestellten Elterngeldbeträge (je Kind 300 Euro)

Nach ausdrücklicher Vorschrift in § 4 Abs. 4 BEEG haben die Eltern gemeinsam Anspruch auf zwölf Monatsbeträge Basiselterngeld. Erfolgt für zwei Monate eine Minderung des Einkommens aus Erwerbstätigkeit, können sie für zwei weitere Monate Basiselterngeld (volles Elterngeld) beanspruchen. Das Gesetz spricht hier von Partnermonaten. Wenn beide Elternteile in vier aufeinander folgenden Lebensmonaten gleichzeitig nicht weniger als 25 und nicht mehr als 30 Wochenstunden im Monatsdurchschnitt erwerbstätig sind, hat jeder Elternteil für diese Monate Anspruch auf vier weitere Monatsbeträge Elterngeld Plus. Dies bezeichnet das Gesetz als Partnerschaftsbonus.

§ 4 Abs. 5 BEEG stellt klar, dass ein Elternteil höchstens zwölf Monatsbeträge Basiselterngeld zuzüglich der vier Monatsbeträge Elterngeld Plus (Partnerschaftsbonus) beziehen kann. Allerdings kann er Elterngeld nur beziehen, wenn er es für mindestens zwei Monate in Anspruch nimmt. Lebensmonate des Kindes, in denen einem Elternteil nach § 3 Abs. 1 Satz 1 Nr. 1 bis 3 BEEG anzurechnende Leistungen zustehen (Mutterschaftsleistungen, Dienst- und Anwärterbezüge, ferner dem Elterngeld vergleichbare Bezüge), gelten als Monate des Basiselterngeldbezugs.

Für angenommene Kinder und für Kinder, die mit dem Ziel der Annahme als Kind in die Obhut des Annehmenden aufgenommen wurden, besteht der Anspruch bis zum 8. Lebensjahr, und zwar bis zur Dauer von 14 Monaten. Dadurch wird berücksichtigt, dass die Annahme als Kind bzw. die Inobhutnahme in der Regel erst

Elterngeld

in einem wesentlichen zeitlichen Abstand zur Geburt des Kindes erfolgt.

Das Elterngeld wird in Monatsbeträgen für Lebensmonate des Kindes gezahlt. Die Eltern haben insgesamt Anspruch auf zwölf Monatsbeträge Basiselterngeld.

Darüber hinaus haben sie Anspruch auf zwei weitere Monatsbeträge, wenn der andere Elternteil in diesen zwei Monaten die Betreuung des Kindes übernimmt. Voraussetzung ist, dass für diese zwei Monate eine Minderung des Einkommens aus Erwerbstätigkeit erfolgt.

Die Eltern können die jeweiligen Monatsbeträge abwechselnd oder gleichzeitig beziehen.

Nach dem Willen des Gesetzgebers sollen die Regelungen eine partnerschaftliche Teilung von Erwerbs- und Familienarbeit erleichtern. Sie sollen einen Anreiz dazu schaffen, nicht allein einem Elternteil die Erwerbsarbeit und dem anderen Teil die Arbeit der Betreuung des Kindes zu übertragen.

Als Grundsatz gilt, dass ein Elternteil höchstens für zwölf Monate Elterngeld beziehen kann. Lebensmonate des Kindes, in denen Mutterschaftsgeld oder vergleichbare Leistungen zustehen, gelten als Monate, für die die berechtigte Person Elterngeld bezieht.

Ausnahmsweise kann ein Elternteil für 14 Monate unter folgenden Voraussetzungen Elterngeld beziehen:

- Mit der Betreuung durch den anderen Elternteil wäre eine Gefährdung des Kindeswohls verbunden.
- Die Betreuung durch den anderen Elternteil ist unmöglich.

Eine Betreuung durch den anderen Elternteil ist insbesondere dann unmöglich, wenn er wegen einer schweren Krankheit oder Schwerbehinderung sein Kind nicht betreuen kann.

Für die Feststellung der Unmöglichkeit der Betreuung bleiben wirtschaftliche Gründe und Gründe einer Verhinderung wegen anderweitiger Tätigkeiten außer Betracht.

Außerdem steht einem Elternteil Elterngeld im Rahmen des Partnerschaftsbonus für 14 Monate zu, wenn folgende Voraussetzungen erfüllt sind:

- Die elterliche Sorge oder zumindest das Aufenthaltsbestimmungsrecht steht dem Elternteil allein zu; das gilt auch, wenn er eine einstweilige Anordnung erwirkt hat, mit der ihm die elterliche Sorge oder zumindest das Aufenthaltsbestimmungsrecht für das Kind vorläufig übertragen wurde.
- Es erfolgt eine Minderung des Einkommens aus Erwerbstätigkeit.
- Der andere Elternteil lebt weder mit ihm noch mit dem Kind in einer Wohnung.

Sind die vorstehenden Voraussetzungen erfüllt und ist ein Elternteil in vier aufeinander folgenden Lebensmonaten nicht weniger als 25 und nicht mehr als 30 Wochenstunden im Monatsdurchschnitt erwerbstätig, kann er für diese Monate vier weitere Monatsbeträge Elterngeld Plus beziehen.

Im Übrigen endet der Anspruch auf Elterngeld mit dem Ablauf des Monats, in dem eine der Anspruchsvoraussetzungen entfallen ist. Als Wegfall der Anspruchsvoraussetzung kommt beispielsweise der Beginn einer Vollzeitbeschäftigung infrage. Die Arbeitnehmer sind verpflichtet, solche Änderungen der Elterngeldstelle zu melden.

Höhe des Elterngelds

Elterngeld wird in Höhe von 67 Prozent des vor der Geburt des Kindes erzielten Einkommens gezahlt (zur Höhe des Elterngelds Plus siehe Seite 100). Es handelt sich hier um das durchschnittlich erzielte monatliche Nettoeinkommen aus Erwerbstätigkeit.

Für die Berechnung werden die letzten zwölf Kalendermonate vor dem Monat der Geburt des Kindes herangezogen.

Bezüglich des zu berücksichtigenden Einkommens beachten Sie bitte die Ausführungen ab Seite 108.

Elterngeld

> **Beispiel:**
> Ein Kind wird am 15.03.2018 geboren. Heranzuziehen sind die Monate März 2017 bis Februar 2018.

Rechtsgrundlage ist § 2b BEEG. Allerdings ist hier zu beachten, dass bei der Ermittlung des Berechnungszeitraums Monate außer Betracht bleiben, in denen Elterngeld für ein älteres Kind bezogen wurde. Besondere Bedeutung hat diese Regelung bei Berechnung des Elterngelds für ein weiteres Kind.

> **Beispiel:**
> Eine Arbeitnehmerin entbindet im März 2015 und beantragt für zwei Jahre Elternzeitgeld. Als sie im März 2017 wieder die Arbeit aufnimmt, ist sie erneut schwanger. Das zweite Kind wird im Oktober 2017 geboren.
>
> Hier werden zunächst die sieben Monate vor dem Monat der Geburt des Kindes herangezogen (März bis September 2017). Da zwölf Monate heranzuziehen sind, fehlen fünf Monate. Hier werden die restlichen fünf Monate in die Zeit vor Beginn des Elterngeldbezugs für das erste Kind verschoben.

Besonderheiten bestehen für Selbstständige. Hier sind die jeweiligen steuerlichen Gewinnermittlungszeiträume maßgeblich, die dem letzten abgeschlossenen steuerlichen Veranlagungszeitraum vor der Geburt des Kindes zugrunde liegen.

Wichtig: Elterngeld wird nur bis zu einem Höchstbetrag von 1.800 Euro im Monat gezahlt. Gewährt wird es nur für volle Monate, in denen der Betroffene kein Einkommen aus Erwerbstätigkeit erzielt.

> **Beispiel:**
> Eine Arbeitnehmerin, die Elterngeld beantragt hat, erzielte in den letzten zwölf Monaten vor der Geburt ihres Kindes ein zu berücksichtigendes monatliches Einkommen von 3.000 Euro.

Höhe des Elterngelds

Ergebnis:

67 Prozent von 3.000 Euro belaufen sich auf 2.010 Euro. Da das Elterngeld aber höchstens in Höhe von 1.800 Euro im Monat gezahlt wird, wird dieser Betrag monatlich an die Frau ausgezahlt.

Aber: Liegt das durchschnittliche Einkommen unter 1.000 Euro im Monat, erhöht sich der Prozentsatz von 67 Prozent um 0,1 Prozentpunkte für je 2 Euro, um die das maßgebliche Einkommen den Betrag von 1.000 Euro unterschreitet. Die Erhöhung tritt bis zu 100 Prozent ein.

Beispiel:

Eine Arbeitnehmerin erzielt ein durchschnittliches monatliches Entgelt von 900 Euro.

Ergebnis:

Das Entgelt liegt damit um 100 Euro unter dem Grenzwert von 1.000 Euro. Das bedeutet, dass 50 × 2 Euro zu berücksichtigen sind. 50 × 0,1 % = 5 Prozentpunkte. Deshalb sind statt 67 Prozentpunkte nunmehr 72 Prozentpunkte zu berücksichtigen. Der Frau sind demnach 648 Euro (72 % von 900 Euro) monatlich auszuzahlen.

Elterngeld und Einkommen

Elterngeld kann unter Umständen gezahlt werden, obwohl Einkommen erzielt wird. Voraussetzung ist allerdings, dass das Einkommen durchschnittlich geringer ist als das durchschnittlich erzielte Einkommen aus Erwerbstätigkeit vor der Geburt.

Hier ist zunächst der Unterschiedsbetrag zwischen dem durchschnittlich vor der Geburt und durchschnittlich nach der Geburt erzielten Einkommen zu berücksichtigen. Der maßgebende Prozentsatz ist dann bei diesem Einkommen anzusetzen. Dieser sinkt jedoch bei einem Einkommen vor der Geburt über 1.200 Euro auf bis zu 65 Prozent (0,1 Prozentpunkte für je 2 Euro, um die der Betrag von 1.200 Euro überschritten wird; vgl. § 2 Abs. 3 BEEG).

Elterngeld

Für die Zeit vor der Geburt des Kindes ist allerdings höchstens ein durchschnittliches Einkommen von 2.770 Euro anzusetzen.

Beispiel:

Eine Frau entbindet im Mai 2018. In den letzten zwölf Monaten vor dem Monat der Geburt des Kindes (in der Zeit vom Mai 2017 bis April 2018) erzielte sie ein durchschnittliches Einkommen von 3.000 Euro. Im September und Oktober 2017 half sie in ihrer Firma aus und erzielte ein monatliches Einkommen von jeweils 1.700 Euro.

Ergebnis:

Als durchschnittliches Einkommen vor der Geburt des Kindes sind monatlich 2.770 Euro zu berücksichtigen. Diesen sind die tatsächlich erzielten 1.700 Euro gegenüberzustellen. Die Differenz beträgt 1.070 Euro. Hieraus sind 65 Prozent an Elterngeld zu zahlen. Das ergibt einen monatlichen Betrag von 695,50 Euro.

Geschwisterbonus

Leben weitere Kinder im Haushalt des Berechtigten, erhöht sich unter Umständen der Prozentsatz, mit dem das Elterngeld berechnet wird.

Lebt nämlich die berechtigte Person in einem Haushalt mit

- zwei Kindern, die das 3. Lebensjahr noch nicht vollendet haben, oder
- mit drei oder mehr Kindern, die das 6. Lebensjahr noch nicht vollendet haben,

erhöht sich das Elterngeld um 10 Prozent, mindestens aber um 75 Euro (Geschwisterbonus).

Beispiel:

Eine Frau bezieht Elterngeld in Höhe von 1.500 Euro im Monat. Sie hat außer dem Kind, das der Grund für den Elterngeldbezug ist, noch zwei weitere Kinder. Insgesamt lebt sie

Höhe des Elterngelds

also mit drei Kindern in einem Haushalt. Alle Kinder haben das 6. Lebensjahr noch nicht vollendet.

Ergebnis:

Das Elterngeld der Frau erhöht sich um 10 Prozent, das heißt um 150 Euro im Monat und beträgt insgesamt 1.650 Euro.

Mehrlingsgeburt

Hat sich nach Vorstehendem das Elterngeld erhöht, endet der Anspruch auf den Erhöhungsbetrag mit dem Ablauf des Monats, in dem eine der aufgeführten Anspruchsvoraussetzungen entfallen ist.

Wichtig: Elterngeld wird mindestens in Höhe von 300 Euro gezahlt. Das gilt auch, wenn in den letzten zwölf Monaten vor der Geburt des Kindes kein Einkommen aus Erwerbstätigkeit erzielt worden ist.

Bei Mehrlingsgeburten erhöht sich das zustehende Elterngeld um je 300 Euro für das zweite und jedes weitere Kind (Mehrlingszuschlag). Hat eine Frau also Zwillinge bekommen, tritt eine Erhöhung des zustehenden Elterngelds um 300 Euro im Monat ein. Gleiches gilt, wenn ein Geschwisterbonus gezahlt wird (vgl. die obigen Ausführungen).

Elterngeld

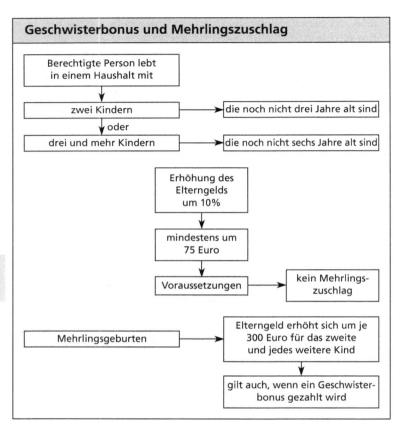

Welches Einkommen wird berücksichtigt?

Als Einkommen aus nichtselbstständiger Tätigkeit ist das um die Steuern und Sozialabgaben verminderte Bruttoarbeitsentgelt zu berücksichtigen. Die vom Bruttolohn abzuziehenden Steuern und Sozialabgaben werden mittels bestimmter Pauschalen berücksichtigt.

Höhe des Elterngelds

Als Steuern gelten:

- die Lohnsteuer
- die Kirchensteuer
- der Solidaritätszuschlag

Bei der Bestimmung der zwölf Kalendermonate vor der Geburt, aus denen das durchschnittliche monatliche Arbeitsentgelt berechnet wird, bleiben Monate außer Betracht, für die Elterngeld für ein älteres Kind bezogen wird. Das Gleiche gilt für Kalendermonate, in denen die berechtigte Person Mutterschaftsgeld bezogen hat, sowie für Monate, in denen während der Schwangerschaft wegen einer maßgeblich auf die Schwangerschaft zurückzuführenden Erkrankung Einkommen aus Erwerbstätigkeit ganz oder teilweise ausgefallen ist.

Sonderregelungen gelten für Einkommen aus Gewerbebetrieben und selbstständiger Arbeit sowie bei Einkommen aus Land- oder Forstwirtschaft.

Als Abzüge für Sozialabgaben sind Beiträge für die gesetzliche Sozialversicherung oder für eine vergleichbare Einrichtung sowie für die Arbeitsförderung zu berücksichtigen. Die Abzüge für Sozialabgaben werden nach § 21 Abs. 1 BEEG einheitlich für Einkommen aus nichtselbstständiger und selbstständiger Erwerbstätigkeit anhand folgender Beitragssatzpauschalen ermittelt:

- 9 Prozent für die Kranken- und Pflegeversicherung, falls Versicherungspflicht (z. B. als Arbeitnehmer) in der gesetzlichen Krankenversicherung besteht
- 10 Prozent für die Rentenversicherung, falls die berechtigte Person in der gesetzlichen Rentenversicherung oder einer vergleichbaren Einrichtung versicherungspflichtig war
- 2 Prozent für die Arbeitsförderung, falls die berechtigte Person in der Arbeitslosenversicherung versicherungspflichtig war

Der Arbeitgeber ist gegenüber der Elterngeldstelle verpflichtet, die Einkünfte zu bescheinigen. Das gilt auch für frühere Arbeitgeber.

Elterngeld

Der Anspruch auf Elterngeld entfällt, wenn die berechtigte Person vor der Geburt des Kindes ein zu versteuerndes Einkommen von mehr als 250.000 Euro erzielt (§ 1 Abs. 8 BEEG).

Verhältnis zu anderen Sozialleistungen

Elterngeld und vergleichbare Leistungen der Länder (vgl. Seite 114 ff.) bleiben bei Sozialleistungen, deren Zahlung von anderen Einkommen abhängig ist, bis zu einer Höhe von insgesamt 300 Euro im Monat als Einkommen unberücksichtigt. Beachten Sie zum Verhältnis Elterngeld – Arbeitslosengeld bzw. Arbeitslosengeld II die nachfolgenden Ausführungen.

Anrechnung von Leistungen auf das Elterngeld

Für die Zeit nach der Geburt laufend zu zahlendes Mutterschaftsgeld aus der Krankenversicherung wird auf das Elterngeld angerechnet. Das gilt allerdings nicht für Mutterschaftsgeld, das allein nach dem Mutterschutzgesetz in Höhe von höchstens 210 Euro gezahlt wird.

Angerechnet werden im Übrigen

- Dienstbezüge,
- Anwärterbezüge,
- Zuschüsse,

die nach beamten- oder soldatenrechtlichen Vorschriften für die Zeit der Beschäftigungsverbote gezahlt werden.

Zuschüsse zum Mutterschaftsgeld (vgl. Schaubild auf Seite 53) werden ebenfalls angerechnet.

Nicht anzurechnen ist im Übrigen laufend zu zahlendes Mutterschaftsgeld, das die Mutter aufgrund einer Teilzeitarbeit oder anstelle von Arbeitslosengeld II während des Bezugs von Elterngeld erhält.

Nicht angerechnet werden:

- Arbeitslosengeld II
- Ausbildungsförderung

- Sozialhilfe
- Wohngeld

Außerdem wird neben dem Elterngeld Kindergeld (vgl. Kapitel 9) gezahlt, soweit Anspruch darauf besteht. Dasselbe gilt für den Kindergeldzuschlag.

Unterhaltsverpflichtungen werden nicht berührt

Unterhaltsverpflichtungen bleiben von der Gewährung von Elterngeld insoweit unberührt, als die Zahlung 300 Euro im Monat nicht übersteigt. Das gilt auch für das Landeserziehungsgeld bzw. Familiengeld eines Bundeslands.

> **Praxis-Tipp:**
> Nehmen Sie ungerechtfertigte Kürzungen oder Einstellungen von Unterhaltsgeldzahlungen nicht einfach hin. Wenden Sie sich an das Familiengericht oder schalten Sie einen Rechtsanwalt ein.

Elterngeldstellen

Wer für die Zahlung des Elterngelds zuständig ist, wird in den einzelnen Bundesländern unterschiedlich geregelt. In Kapitel 11 sind die jeweils zuständigen Stellen einschließlich Adresse aufgeführt. Diese Stellen gewähren nicht nur das Elterngeld des Bundes, sondern auch das Landeserziehungsgeld, falls es in dem betreffenden Land eine solche Leistung gibt.

Die Elterngeldstellen erteilen darüber hinaus Auskünfte zu den im Zusammenhang mit dem Elterngeld auftretenden Fragen.

Wichtig: Der Antrag auf Elterngeld ist schriftlich zu stellen. Eine telefonische Mitteilung oder mündliche Vorsprache ist nicht ausreichend.

Rückwirkend wird Elterngeld höchstens für drei Monate vor der Antragstellung bewilligt. Daraus ergibt sich, wie wichtig es ist, den Antrag so früh wie möglich zu stellen.

Elterngeld

> **Praxis-Tipp:**
> Antragsvordrucke gibt es sowohl im Internet als auch bei:
> - Gemeindeverwaltungen
> - gesetzlichen Krankenkassen
> - vielen Krankenhäusern mit Entbindungsstationen
>
> Aus dem Antragsvordruck ergibt sich auch, welche Bescheinigungen Sie vorlegen müssen.

Sie müssen der Elterngeldstelle alle Änderungen unverzüglich mitteilen, die für den Anspruch von Bedeutung sein könnten oder über die im Zusammenhang mit dem Elterngeld Erklärungen abgegeben wurden. Es reicht nicht, Mitteilungen an andere Behörden (z. B. Gemeindeverwaltung oder Einwohnermeldeamt) zu geben.

Insbesondere ist die Elterngeldstelle zu benachrichtigen, wenn

- das Kind nicht mehr im eigenen Haushalt lebt,
- sich die Anschrift oder Bankverbindung ändert,
- eine Erwerbstätigkeit aufgenommen oder bei einer Teilzeitbeschäftigung die Arbeitszeit erhöht wird,
- sich die Prognose des voraussichtlich erzielten Einkommens ändert oder
- ein Bezugszeitraum von 14 Monaten ursprünglich beantragt wurde und die Voraussetzungen für das Elterngeld für die vollen 14 Monate nicht mehr vorliegen.

Im Antrag auf Elterngeld ist anzugeben, für welche Monate Basiselterngeld oder Elterngeld Plus beantragt wird (§ 7 Abs. 1 BEEG).

Für einen Monat, in dem bereits Elterngeld Plus bezogen wurde, kann nachträglich Basiselterngeld beantragt werden (bezüglich der Begriffe „Basiselterngeld" und „Elterngeld Plus" wird auf die Ausführungen ab Seite 103 verwiesen).

Wird Elterngeld noch von einer anderen Person beansprucht, kann diese gleichzeitig einen Antrag stellen und anzeigen, wie viele Monatsbeträge sie für die jeweilige Leistung beansprucht, wenn mit ihrem Anspruch die Höchstgrenzen (vgl. Seite 103 ff.) überschritten würden. Liegt der Elterngeldstelle weder ein Antrag noch eine Anzeige einer anderen berechtigten Person vor, erhält der Antragsteller die Monatsbeträge der jeweiligen Leistung ausgezahlt. Die andere berechtigte Person kann bei einem späteren Antrag nur die verbleibenden Monatsbeträge der jeweiligen Leistung erhalten.

Unterlagen, die Sie benötigen

- Geburtsurkunde des Kindes (gibt es beim Standesamt)
- Erklärung zum Einkommen und Verdienstbescheinigung des Arbeitgebers (den notwendigen Vordruck gibt es bei der Elterngeldstelle)
- Bescheinigung über den Bezug von Mutterschaftsgeld nach der Geburt (erhalten Sie bei der zuständigen gesetzlichen Krankenkasse)
- bei Beamten: Bescheinigung über die Dienstbezüge während des Mutterschutzes
- Bescheinigung über den Arbeitgeberzuschuss zum Mutterschaftsgeld (bekommen Sie vom Arbeitgeber)
- Arbeitszeitbestätigung durch den Arbeitgeber bei Teilzeitarbeit während des Elterngeldbezugs bzw. Erklärung über die Arbeitszeit bei selbstständiger Arbeit

Das Elterngeld wird auf Ihr Konto überwiesen, wenn Sie im Antrag auf Elterngeld die entsprechenden Angaben gemacht haben.

> **Praxis-Tipp:**
> Wechseln Sie Ihr Konto während des Bezugs von Elterngeld möglichst nicht. Wenn es dennoch notwendig wird, sollten Sie die Elterngeldstelle frühzeitig informieren. Geschieht dies nicht zwei Monate vorher, müssen Sie mit Verzögerungen rechnen.

Wichtig: Die Auskunftspflicht gegenüber der Elterngeldstelle besteht auch für den Ehepartner des Antragstellers, für den Partner

Elterngeld

der eheähnlichen Gemeinschaft sowie für den gleichgeschlechtlichen Lebenspartner.

Landeserziehungsgeld

In drei Bundesländern wird aktuell Landeserziehungsgeld gewährt, nämlich in Bayern, Sachsen und Thüringen. Es wird im Anschluss an das Elterngeld gezahlt und wird nicht auf Hartz IV oder Sozialhilfe angerechnet. Die Voraussetzungen und die Höhe sind in den Ländern unterschiedlich geregelt.

Bayern

Das Landeserziehungsgeld wird für das erste Kind in Höhe von 150 Euro, für das zweite Kind in Höhe von 200 Euro, für das dritte und jedes weitere Kind in Höhe von jeweils 300 Euro monatlich gewährt. Für das erste Kind kann es für sechs Monate, ab dem zweiten Kind für zwölf Monate im Anschluss an das Elterngeld des Bundes bezogen werden.

Voraussetzung für den Anspruch ist ein mindestens zwölfmonatiger Aufenthalt in Bayern vor Leistungsbeginn.

Das Landeserziehungsgeld wird einkommensabhängig gewährt.

Die Einkommensgrenze beträgt für seit 01.01.2017 geborene Kinder bei:

- Ehegatten und Lebenspartnern, die nicht getrennt leben, sowie bei Paaren in einer eheähnlichen Gemeinschaft 34.000 Euro/Jahr
- anderen Berechtigten 31.000 Euro/Jahr

Bei Überschreiten der Einkommensgrenze wird das Landeserziehungsgeld gekürzt, und zwar für

- das erste Kind um 5 Prozent
- das zweite Kind um 6 Prozent
- das dritte und jedes weitere Kind um 7 Prozent

des die Einkommensgrenze übersteigenden Betrags.

Landeserziehungsgeld

Zudem muss der Nachweis für die Durchführung der Früherkennungsuntersuchungen U 6 bzw. U 7 erbracht werden.

Zuständig für die Zahlung des Landeserziehungsgelds sind die ab Seite 166 aufgeführten Stellen.

Sachsen

Im Anschluss an das Bundeselterngeld wird ein Landeserziehungsgeld gezahlt, entweder beginnend im 2. Lebensjahr des Kindes oder im 3. Lebensjahr des Kindes.

Das Landeserziehungsgeld wird einkommensabhängig gewährt und beträgt höchstens 300 Euro im Monat.

Bezug beginnend im 2. Lebensjahr des Kindes:

- 1. Kind: 5 Monate je 150 Euro
- 2. Kind: 6 Monate je 200 Euro
- ab 3. Kind: sieben Monate je 300 Euro

Bezug beginnend im 3. Lebensjahr des Kindes:

- 1. Kind: 9 Monate je 150 Euro
- 2. Kind: 9 Monate je 200 Euro
- ab 3. Kind: 12 Monate je 300 Euro

Voraussetzung für diesen Leistungsumfang ist, dass für das betreffende Kind seit dem vollendeten 14. Lebensmonat kein Platz in einer staatlich geförderten Kindertagesstätte in Anspruch genommen wurde. Andernfalls gilt der gleiche Leistungsumfang wie bei Leistungsbezug im 2. Lebensjahr.

Die Grenze für die zulässige Erwerbstätigkeit des Antragstellers beträgt wöchentlich 30 Stunden.

Die Einkommensgrenzen liegen für Alleinerziehende bei 14.100 Euro und für Paare bei 17.100 Euro jährlich.

Thüringen

Landeserziehungsgeld wird im Anschluss an das Bundeselterngeld für die Dauer von höchstens zwölf Lebensmonaten gewährt. Es ist unabhängig vom Einkommen und der wöchentlichen Arbeitszeit.

Elterngeld

Das Landeserziehungsgeld beträgt für:
- 1. Kind: 150 Euro
- 2. Kind: 200 Euro
- 3. Kind: 250 Euro
- ab 4. Kind: je 300 Euro

Voraussetzung ist, dass das Kind nicht oder nicht mehr als fünf Stunden täglich in einer Kindestageseinrichtung betreut wird.

Den vollen Betrag erhält nur, wer die häusliche Betreuung des Kindes vollständig übernimmt. Wird das Kind bis zu fünf Stunden täglich in einer Kindestageseinrichtung oder von einer Kindertagespflegeperson betreut, verringert sich das monatliche Erziehungsgeld um 75 Euro.

Auch muss die Durchführung der Früherkennungsuntersuchung U 6 nachgewiesen werden.

Zuständig für die Zahlung sind die Landkreise bzw. kreisfreien Städte.

Elternzeit

Wann besteht Anspruch auf Elternzeit? 118
Arbeitsaufnahme trotz Elternzeit? 127
Kündigungsschutz – auch in der Elternzeit 130

Wann besteht Anspruch auf Elternzeit?

Der Anspruch auf Elternzeit wird – wie der auf Elterngeld – im Bundeselterngeld- und Elternzeitgesetz geregelt.

Wichtig: Der Anspruch auf Elternzeit ist vom Anspruch auf Elterngeld unabhängig und steht nur Arbeitnehmern zu.

Ein Arbeitnehmer bzw. eine Arbeitnehmerin hat Anspruch auf Elternzeit, wenn die im obigen Schaubild aufgezeigten Voraussetzungen erfüllt sind.

Hat der Arbeitgeber Zweifel, ob ein Anspruch auf Elternzeit besteht, hat die Elterngeldstelle auf seinen Antrag hin Stellung zu nehmen. Voraussetzung dafür ist allerdings die Zustimmung des Arbeitnehmers.

Muster einer Zustimmungserklärung der Arbeitnehmerin

Elvira Waldner
geb. Meiser
geb. am 12.7.1984
Bremerstr. 37
55595 Weinsheim

Erklärung zur Vorlage an die Elterngeldstelle

Ich bin damit einverstanden, dass sich mein Arbeitgeber, die Firma Wiemer GmbH, Weinsheim, an die Elterngeldstelle wendet.

Ich bitte die Elterngeldstelle, gegenüber der Firma Wiemer GmbH zu der Frage Stellung zu nehmen, ob für mich ein Anspruch auf Elternzeit aus Anlass der Geburt meines Kindes Susanne am … besteht.

Weinsheim, den ………

(Unterschrift)

Die Geburt eines Kindes kann durch eine Geburtsurkunde bzw. durch die Eintragung in das Familienstammbuch nachgewiesen werden.

Wann besteht Anspruch auf Elternzeit?

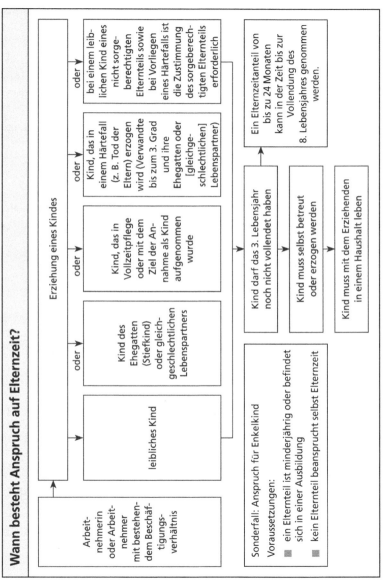

Elternzeit

In der Regel benachrichtigen die gesetzlichen Krankenkassen die Arbeitgeber auch von der Zahlung des Mutterschaftsgelds. Das gilt allerdings nur für versicherte Frauen.

Geringfügig beschäftigten und damit versicherungsfreien Frauen wird das Mutterschaftsgeld nicht von den gesetzlichen Krankenkassen, sondern vom Bundesversicherungsamt gezahlt. Mitteilungen des Bundesversicherungsamts reichen als Bestätigung aus.

Hat der Arbeitnehmer ein Kind adoptiert, gibt es Unterlagen des Jugendamts, die dem Arbeitgeber als Beweismittel vorgelegt werden.

Alle Arbeitnehmer haben Anspruch auf Elternzeit

Die Arbeitgeber müssen allen Arbeitnehmern Elternzeit gewähren, das heißt allen:

- Angestellten
- Arbeitern (einschließlich Heimarbeitern)
- Auszubildenden

Die zu ihrer Berufsausbildung Beschäftigten können sich in

- Berufsausbildung,
- beruflicher Fort- und Weiterbildung oder
- beruflicher Umschulung

befinden.

Der Umfang der Beschäftigung vor der Elternzeit bzw. den Schutzfristen hat keine Auswirkungen auf den Anspruch auf Elternzeit.

> **Praxis-Tipp:**
> Der Anspruch auf Elternzeit kann durch Vertrag zwischen Arbeitgeber und Arbeitnehmer nicht ausgeschlossen oder beschränkt werden. Ein Ausschluss in einem Arbeitsvertrag ist unwirksam.

Das bedeutet, dass auch erst seit kurzer Zeit beschäftigte Arbeitnehmer Anspruch auf Elternzeit haben.

Wann besteht Anspruch auf Elternzeit?

Wann können Arbeitnehmer die Elternzeit beantragen?

Arbeitnehmer müssen spätestens sieben Wochen vor Beginn schriftlich von ihrem Arbeitgeber Elternzeit verlangen, wenn sie unmittelbar nach der Geburt des Kindes oder der Schutzfrist nach der Entbindung genommen werden soll. Kommt es während der Elternzeit zu einer weiteren Schwangerschaft, gilt die vorstehende Frist entsprechend.

Wichtig: Mit dem Antrag auf Elternzeit muss der Arbeitnehmer seinem Arbeitgeber erklären, für welche Zeiten innerhalb von zwei Jahren er Elternzeit nehmen wird.

Sie müssen vorerst nicht erklären, in welchen Zeiten im dritten Jahr die Elternzeit genommen werden soll: Für diesen Zeitraum zwischen dem dritten Geburtstag und dem vollendeten achten Geburtstag des Kindes gilt jedoch eine verlängerte Frist, um die Elternzeit vom Arbeitgeber zu verlangen, nämlich spätestens 13 Wochen vor Beginn – und selbstverständlich schriftlich!

Beispiel:

Geburt des Kindes am 05.08.

Normalerweise wird die Arbeitnehmerin die Elternzeit ab dem Tag nach Ende der Schutzfrist nach der Entbindung verlangen.

Die Schutzfrist dauert acht Wochen (bei Mehrlingsgeburten: zwölf Wochen, bei Frühgeburten: zwölf Wochen zuzüglich der Tage, die von der Schutzfrist vor der Entbindung wegen der früheren Geburt nicht in Anspruch genommen werden konnten).

Ende der Mutterschutzfrist: 30.09.

Frühester Beginn der Elternzeit: 01.10.

Sieben Wochen, also 49 Kalendertage, vorher = 13.08.

Spätestens am 13.08. muss der Antrag der Arbeitnehmerin beim Arbeitgeber vorliegen.

Elternzeit

Kann die Arbeitnehmerin aus einem von ihr nicht zu vertretenden Grund eine sich unmittelbar an die Schutzfrist nach der Entbindung anschließende Elternzeit nicht rechtzeitig beantragen, kann sie dies innerhalb einer Woche nach Wegfall des Grundes nachholen.

> **Beispiel:**
>
> Die Arbeitnehmerin aus obigem Beispiel war am 25.08. sehr schwer erkrankt und befand sich ab diesem Zeitpunkt im Krankenhaus. Sie war nicht in der Lage, den Antrag auf Elternzeit zu stellen. Nach ärztlichem Attest konnte sie dies frühestens ab 16.09. tun. Deshalb läuft ab 17.09. die Frist von einer Woche, die dann am 23.09. endet.
>
> Spätestens zu diesem Zeitpunkt muss der Antrag gestellt worden sein.

Es ist Sache der Arbeitnehmerin, zu beweisen, dass keine rechtzeitige Antragstellung möglich war. Im Beispielsfall konnte dies mithilfe eines ärztlichen Attests geschehen.

Das Bundeselterngeld- und Elternzeitgesetz enthält keine Regelung über die Folgen eines Fristversäumnisses. Der Arbeitgeber kann mit einer Abmahnung reagieren. Trotzdem bleibt der Anspruch auf die Elternzeit bestehen. Der Arbeitgeber kann ihn nicht verweigern. Mit dem Antrag auf Gewährung von Elternzeit muss der Arbeitnehmer auch erklären, für welchen Zeitraum oder für welche Zeiträume er Elternzeit in Anspruch nehmen will.

Dauer des Anspruchs auf Elternzeit

Anspruch auf Elternzeit besteht bis zur Vollendung des 3. Lebensjahres des Kindes. Bei Geburt des Kindes am 05.08.2018 besteht zum Beispiel ein Anspruch bis zum 04.08.2021. Das 3. Lebensjahr des Kindes ist am Tag vor dem 3. Geburtstag vollendet.

Die Arbeitnehmerin könnte somit Elternzeit längstens bis zu diesem Zeitpunkt in Anspruch nehmen.

Wann besteht Anspruch auf Elternzeit?

Aber: Ein Anteil von bis zu zwölf Monaten der Elternzeit kann in der Zeit bis zur Vollendung des 8. Lebensjahres des Kindes genommen werden.

Bei einem Arbeitgeberwechsel ist bei der Anmeldung der Elternzeit auf Verlangen des neuen Arbeitgebers eine Bescheinigung des früheren Arbeitgebers über bereits genommene Elternzeit vorzulegen (§ 16 Abs. 1 BEEG).

Bei einem angenommenen Kind und bei einem Kind in Adoptionspflege kann Elternzeit von insgesamt bis zu drei Jahren ab der Inobhutnahme, längstens bis zur Vollendung des 8. Lebensjahres des Kindes genommen werden. Die Möglichkeit der Übertragung der Elternzeit auf einen späteren Zeitraum besteht hier ebenfalls.

Allerdings ist zu beachten, dass es das Bundeselterngeld- und Elternzeitgesetz zulässt, die Elternzeit durch Unterbrechung mehrmals in Anspruch zu nehmen oder mehrmals einen Wechsel unter den Berechtigten vorzunehmen. Ab dem dritten Wechsel ist dies allerdings nur mit Zustimmung des Arbeitgebers möglich.

Beispiel:

Eine Arbeitnehmerin kann die Elternzeit ab 31.08.2018 in Anspruch nehmen (unter Anrechnung der Schutzfrist nach der Entbindung, die seit 06.07.2018 läuft) und sie nur bis zum 05.07.2019 beantragen.

Ab 06.07.2019 – also nach Ablauf eines Jahres – soll ihr Ehemann, der Vater, das Kind betreuen. Er muss deshalb rechtzeitig, das heißt, sieben Wochen vor dem 06.07.2019, den Antrag auf Gewährung von Elternzeit bei seinem Arbeitgeber beantragen.

Die Arbeitnehmerin muss aber zusammen mit ihrem Antrag auf Gewährung von Elternzeit ab 31.08.2018 angeben, dass ihre Elternzeit nur bis zum 05.07.2019 dauern soll.

Der Ehemann soll die Elternzeit aber zunächst nur bis zum 30.06.2020 nehmen. Er soll danach für seine Firma einen Auslandsauftrag durchführen. Ab 01.07.2020 soll also ein zweiter Wechsel in der Durchführung der Elternzeit vorgenommen werden. Nun soll die Mutter wieder das Kind betreuen.

Elternzeit

> Nach seiner Rückkehr aus dem Ausland soll der Ehemann ab 01.11.2020 diese Aufgabe übernehmen. Dies ist dann der dritte Wechsel und der vierte Abschnitt der Elternzeit.
>
> Die Elternzeit soll also wie folgt aufgeteilt werden:
>
> 06.07.2018 (da die Schutzfrist nach der Entbindung auf die Elternzeit angerechnet wird, ist zweckmäßigerweise von diesem Datum auszugehen) – 05.07.2019 Mutter (1. Zeitabschnitt)
>
> 06.07.2019 – 30.06.2020 Vater (1. Wechsel – 2. Zeitabschnitt)
>
> 01.07.2019 – 31.10.2020 Mutter (2. Wechsel – 3. Zeitabschnitt)
>
> 01.11.2020 – 05.07.2021 Vater (3. Wechsel – 4. Zeitabschnitt)

Beide Elternteile können ihre Elternzeit jeweils auf die Zeitabschnitte verteilen.

Beide Arbeitnehmer müssen bei ihrem jeweiligen ersten Antrag auf Elternzeit bereits die weiteren Zeiträume in den nächsten zwei Jahren bekannt geben. Es reicht nicht aus, die weiteren Zeiträume jeweils sieben Wochen vorher zu beantragen. Die sonst einzuhaltende Sieben-Wochen-Frist hat hier somit keine Bedeutung.

Die Elternzeit kann vorzeitig beendet oder verlängert werden. Der Arbeitgeber muss allerdings einer vorzeitigen Beendigung oder Verlängerung der Elternzeit zustimmen.

Die vorzeitige Beendigung wegen eines besonderen Härtefalls kann der Arbeitgeber nur innerhalb von vier Wochen aus dringenden betrieblichen Gründen ablehnen.

> **Beispiel:**
>
> Ein wichtiger Grund liegt im obigen Beispiel zweifellos vor, wenn der Vater des Kindes am 01.11.2020 die Betreuung nicht übernehmen kann, weil sich seine Rückkehr aus dem Ausland verzögert. Deshalb beantragt die Arbeitnehmerin die Verlängerung der Elternzeit. Dieser Verlängerung muss der Arbeitgeber zustimmen.

> Kehrt der Kindesvater beispielsweise einen Monat früher aus dem Ausland zurück als ursprünglich vorgesehen und will er nun die Betreuung des Kindes übernehmen, ist die vorzeitige Beendigung der Elternzeit der Arbeitnehmerin ebenfalls an die Zustimmung des Arbeitgebers gebunden. Dieser kann die Zustimmung allerdings verweigern, wenn er zum Beispiel eine Ersatzkraft eingestellt hat.

Die Änderung in der Anspruchsberechtigung muss der Arbeitnehmer dem Arbeitgeber unverzüglich (das heißt, ohne schuldhaftes Zögern) mitteilen. Die Elternzeit kann vorzeitig beendet werden, wenn wegen einer weiteren Schwangerschaft die gesetzlichen Mutterschutzfristen und die damit verbundenen Rechte in Anspruch genommen werden sollen. Für diese Beendigung der Elternzeit ist eine Zustimmung des Arbeitgebers nicht erforderlich.

Dennoch sollte dem Arbeitgeber die geplante Elternzeit rechtzeitig schriftlich mitgeteilt werden. Da eine rückwirkende Beendigung nicht vorgesehen ist, ist es unerlässlich, ihr Ende vor Beginn der Schutzfrist (sechs Wochen vor der Entbindung) mitzuteilen. Die Elternzeit endet nämlich frühestens, wenn dem Arbeitgeber die Mitteilung zugegangen ist.

Stirbt das Kind während der Elternzeit, endet diese spätestens drei Wochen nach dem Tod des Kindes.

Beispiel:

Tod des Kindes: 10.06.2018

Ende der Elternzeit (spätestens): 01.07.2018

Arbeitgeber und Arbeitnehmer können sich in diesem Fall natürlich auch darauf verständigen, dass die Arbeit früher wieder aufgenommen wird.

Sonderfälle

Bei einem angenommenen Kind und bei einem Kind in Vollzeit- oder Adoptionspflege kann Elternzeit von insgesamt bis zu drei Jahren ab der Inobhutnahme längstens bis zur Vollendung des

Elternzeit

8. Lebensjahres des Kindes genommen werden und in einem sogenannten Härtefall (vgl. Seite 98).

Bei einem leiblichen Kind eines nicht sorgeberechtigten Elternteils ist die Zustimmung des sorgeberechtigten Elternteils erforderlich. Darum muss sich allerdings der Arbeitnehmer kümmern, der die Elternzeit beantragt. Er muss dem Arbeitgeber die Zustimmung des sorgeberechtigten Elternteils nachweisen.

Ein wichtiges Beispiel für die vorstehende Rechtslage ist der Fall, dass der nichteheliche Vater das Kind erziehen will. Hier braucht er die Zustimmung des sorgeberechtigten Elternteils, das heißt der nichtehelichen Kindesmutter.

Wird während der Elternzeit ein weiteres Kind geboren, besteht der Anspruch auf Elternzeit für jedes Kind, auch wenn sich die Zeiträume überschneiden. Das heißt, die Anspruchszeiten werden nicht aneinandergereiht (§ 15 Abs. 2 BEEG). Bei Geburt des zweiten Kindes beginnt vielmehr eine neue Elternzeit.

Arbeitsaufnahme trotz Elternzeit?

Während des Elterngeldbezugs kann der Arbeitnehmer eine Arbeit ausüben. Allerdings darf die wöchentliche Arbeitszeit nicht weniger als 15 Stunden und nicht mehr als 30 Stunden im Monatsdurchschnitt betragen.

Wird Elternzeit gewährt, kann eine solche Beschäftigung bei einem anderen Arbeitgeber nur mit Zustimmung des ursprünglichen Arbeitgebers erfolgen.

Dieser kann die Zustimmung verweigern, wenn er entsprechende betriebliche Interessen geltend macht, zum Beispiel wenn der Arbeitgeber den sich in der Elternzeit befindlichen Arbeitnehmer dringend benötigt.

Wegen der Weigerung des Arbeitnehmers, bei seinem Arbeitgeber anstelle für das andere Unternehmen tätig zu sein, muss dieser jetzt vielleicht sogar eine Ersatzkraft einstellen. Die Verweigerung der Zustimmung kann auch dann erfolgen, wenn dem Arbeitnehmer vom anderen Unternehmen eine höhere Entlohnung geboten wird. Voraussetzung ist aber – wie bereits erwähnt – das Vorliegen entgegenstehender betrieblicher Interessen.

Lehnt der Arbeitgeber die Zustimmung zur Aufnahme einer Teilzeitbeschäftigung ohne Begründung ab, hat dies keinerlei Wirkung. Das bedeutet, dass die Teilnehmerin/der Teilnehmer an der Elternzeit die Beschäftigung bei einem anderen Arbeitgeber trotzdem aufnehmen kann.

Voraussetzung ist aber, dass der Arbeitgeber nicht bis zum Ablauf der Frist Gründe „nachschiebt".

Elternzeit

> **Beispiel:**
>
> Eine Arbeitnehmerin teilt ihrem Arbeitgeber per Fax mit, dass sie während ihrer Elternzeit eine Beschäftigung in der Kanzlei ihres Mannes ausüben wolle. Am selben Tag faxt der Arbeitgeber zurück, dass er „der Ausübung einer Beschäftigung während der Elternzeit" nicht zustimme – ohne Begründung.
>
> Die Arbeitnehmerin nimmt daraufhin zunächst keine Tätigkeit auf. Später verklagt sie den Arbeitgeber auf Schadensersatz, da dieser verpflichtet gewesen sei, ihr die Zustimmung zu erteilen. Durch die unberechtigte Verweigerung habe sie einen Verdienstausfall erlitten.
>
> Das Bundesarbeitsgericht (BAG) hat den Anspruch der Arbeitnehmerin abgelehnt (Urteil vom 26.06.1997, Az. 8 AZR 506/95).
>
> *Begründung:*
>
> Da der Arbeitgeber nicht innerhalb von vier Wochen seine Zustimmungsverweigerung begründete, wie dies gesetzlich vorgeschrieben ist, war eine ordnungsgemäße Ablehnung der Tätigkeit nicht erfolgt. Der Arbeitgeber hatte nach Ablauf der vier Wochen keine rechtliche Möglichkeit, die Zustimmung zu verweigern.
>
> Für die Frau bestand deshalb kein Grund mehr, die angestrebte Beschäftigung nicht aufzunehmen.
>
> Nach Auffassung des BAG kann die Arbeitnehmerin eine dem zeitlichen Umfang nach zulässige Teilzeitarbeit bei einem anderen Arbeitgeber nach Ablauf der Vier-Wochen-Frist auch ohne Zustimmung ihres Arbeitgebers aufnehmen.
>
> Die Arbeitnehmerin hätte demnach den geltend gemachten Verdienstausfall durch eine Arbeitsaufnahme vermeiden können. Es bestand deshalb kein Schadensersatzanspruch.

Will der Arbeitnehmer während der Elternzeit bei seinem Arbeitgeber arbeiten, muss dieser der Bitte des Arbeitnehmers nicht entsprechen.

Arbeitsaufnahme trotz Elternzeit?

In der Praxis hat sich der (flexible) Einsatz von Elternzeitnehmern aber als Mittel zum Abbau von Arbeitsspitzen bewährt.

Praxis-Tipp:
Wenn Sie vorhaben, während der Elternzeit oder zu einem späteren Zeitpunkt in Teilzeit zu arbeiten, sollten Sie dies dem Unternehmen schon bei der Anmeldung der Elternzeit signalisieren. Außerdem empfiehlt es sich, Vorschläge zum Zeitpunkt und der Lage der Arbeitszeit zu unterbreiten.

Wichtig: Falls im Betrieb ein Betriebsrat (Personalrat) vorhanden ist, muss beachtet werden, dass eine Teilzeitbeschäftigung während der Elternzeit eine mitbestimmungspflichtige Einstellung darstellt (Beschluss des BAG vom 28.04.1998, Az. AZR 63/97).

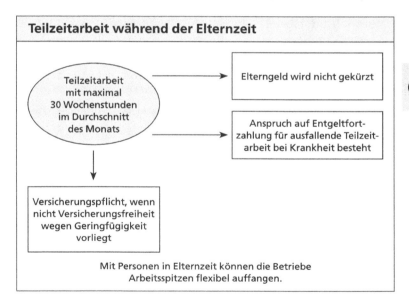

Stellt der Arbeitnehmer einen Antrag auf eine Verringerung seiner Arbeitszeit während der Elternzeit, sollen sich Arbeitgeber und Arbeitnehmer innerhalb von vier Wochen darüber einigen.

Elternzeit

Die Einigung bezieht sich sowohl auf die Verringerung der bisherigen Arbeitszeit als auch auf deren Ausgestaltung.

Der Arbeitnehmer kann aber auch unverändert die vor Beginn der Elternzeit ausgeübte Arbeitszeit fortsetzen, sofern sie die bereits erwähnten 30 Stunden nicht übersteigt.

Der Arbeitnehmer ist sogar berechtigt, nach der Elternzeit zu der Arbeitszeit zurückzukehren, die er vor Beginn der Elternzeit hatte.

Dabei müssen folgende Voraussetzungen vorliegen, die sowohl im Bundeselterngeldgesetz als auch im Gesetz über Teilzeitarbeit und befristete Arbeitsverträge enthalten sind:

- Der Arbeitgeber beschäftigt, unabhängig von der Anzahl der Personen in Berufsausbildung, in der Regel mehr als 15 Arbeitnehmer.

- Das Arbeitsverhältnis des Arbeitnehmers besteht in demselben Betrieb oder Unternehmen ohne Unterbrechung länger als sechs Monate.

- Die vertraglich vereinbarte regelmäßige Arbeitszeit soll für mindestens drei Monate auf einen Umfang zwischen 15 und 30 Wochenstunden verringert werden.

- Dem Anspruch stehen keine dringenden betrieblichen Gründe entgegen.

- Der Anspruch wurde dem Arbeitgeber acht Wochen vorher schriftlich mitgeteilt.

Falls der Arbeitgeber die beanspruchte Verringerung der Arbeitszeit ablehnen will, muss er dies innerhalb von vier Wochen mit schriftlicher Begründung tun. Der Arbeitnehmer kann, soweit der Arbeitgeber der Verringerung der Arbeitszeit nicht oder nicht rechtzeitig zustimmt, Klage vor dem Arbeitsgericht erheben.

Kündigungsschutz – auch in der Elternzeit

Der Arbeitgeber darf das Arbeitsverhältnis ab dem Zeitpunkt, von dem an Elternzeit verlangt worden ist, höchstens jedoch acht Wochen vor Beginn der Elternzeit, und während der Elternzeit

Kündigungsschutz – auch in der Elternzeit

nicht kündigen. Das gilt für alle Formen einer Kündigung, somit auch für eine Änderungskündigung.

Der Kündigungsschutz besteht von Beginn der Elternzeit bis zum vollendeten 3. Lebensjahr des Kindes für höchstens acht Wochen. Sollte zum Beispiel die Elternzeit erst am 01.06. beginnen, wurde diese aber bereits am 05.04. beantragt, kann der Arbeitgeber bis zum 05.04. eine Kündigung aussprechen. Die letzten acht Wochen vor Beginn der geplanten Elternzeit begannen am 06.04.

Wird allerdings eine Elternzeit zwischen dem dritten Geburtstag und dem vollendeten 8. Lebensjahr des Kindes in Anspruch genommen, beginnt der Kündigungsschutz frühestens 14 Wochen davor.

Der Kündigungsschutz endet mit Ablauf der Elternzeit. Er gilt auch für Arbeitnehmer, die während der Elternzeit eine zulässige Teilzeitarbeit ausüben, sowie für Arbeitnehmer, die nach der Geburt des Kindes keine Elternzeit in Anspruch nehmen und bei ihrem Arbeitgeber eine bisherige Teilzeitarbeit im zulässigen Umfang von höchstens 30 Wochenstunden fortsetzen.

Für die Dauer der Elternzeit gilt grundsätzlich der gleiche Kündigungsschutz wie für Mütter während der Schwangerschaft und der Mutterschutzfrist.

Nach der Elternzeit haben Arbeitnehmer Anspruch auf einen gleichwertigen Arbeitsplatz.

> **Praxis-Tipp:**
> Wechseln sich die Eltern bei der Elternzeit ab, gilt der Kündigungsschutz für den Elternteil, der sich gerade in der Elternzeit befindet. Deshalb haben selbstverständlich auch Väter Kündigungsschutz während ihrer Elternzeit.

Spricht der Arbeitgeber dennoch in dieser Zeit eine Kündigung aus, ist sie rechtlich unwirksam. In diesem Fall sollte man die Aufsichtsbehörde informieren.

In besonderen Ausnahmefällen kann allerdings der Arbeitgeber bei der für den Arbeitsschutz zuständigen Behörde vor dem Aus-

Elternzeit

sprechen der Kündigung beantragen, die Kündigung für zulässig zu erklären.

Die Aufsichtsbehörde erkennt die Zulässigkeit der Kündigung in der Regel nur an, wenn beispielsweise der Betrieb eingestellt wird oder seine Existenz gefährdet ist.

Für eine Kündigung nach dem Ende der Elternzeit gelten die Vorschriften des Kündigungsschutzgesetzes.

Für den Kündigungsschutz zuständige Behörden

In den einzelnen Bundesländern sind für die Entscheidung über die Zulässigkeit der Kündigung während der Elternzeit folgende Behörden zuständig:

- Baden-Württemberg: Kommunalverband für Jugend und Soziales
- Bayern: Gewerbeaufsichtsämter der Bezirksregierungen
- Berlin: Landesamt für Arbeitsschutz, Gesundheitsschutz und technische Sicherheit
- Brandenburg: Landesamt für Arbeitsschutz
- Bremen: Gewerbeaufsichtsämter
- Hamburg: Behörde für Gesundheit und Verbraucherschutz, Amt für Arbeitsschutz
- Hessen: Regierungspräsidien
- Mecklenburg-Vorpommern: Landesamt für Gesundheit und Soziales, Abt. Arbeitsschutz und technische Sicherheit
- Niedersachsen: Gewerbeaufsichtsämter
- Nordrhein-Westfalen: Bezirksregierungen
- Rheinland-Pfalz: Struktur- und Genehmigungsdirektion – Gewerbeaufsicht
- Saarland: Landesamt für Umwelt und Arbeitsschutz
- Sachsen: Landesdirektion, Abt. Gewerbeaufsicht
- Sachsen-Anhalt: Landesamt für Verbraucherschutz, Gewerbeaufsicht, Arbeitsschutz

Kündigungsschutz – auch in der Elternzeit

- Schleswig-Holstein: Landesamt für Gesundheit und Arbeitssicherheit, Staatliche Arbeitsschutzbehörde bei der Unfallkasse
- Thüringen: Landesamt für Verbraucherschutz

Die Anschriften finden Sie im Internet unter: www.bmfsfj.de (Suchbegriff: Aufsichtsbehörden)

Einzelheiten zum Kündigungsschutz bei Elternzeit regelt eine Allgemeine Verwaltungsvorschrift.

Kündigung durch den Arbeitnehmer

Der Arbeitnehmer selbst kann das Arbeitsverhältnis zum Ende der Elternzeit nur unter Einhaltung einer Kündigungsfrist von drei Monaten kündigen.

Beispiel:
Endet die Elternzeit am 15.05., muss die Kündigung bis spätestens 16.02. erfolgen.

Nach der Elternzeit gelten wieder die üblichen Kündigungsfristen.

Höhere Rentenansprüche

Was sind Kindererziehungszeiten?... 136
Leistungsrechtliche Auswirkungen der
Kindererziehungszeiten 139
Was sind Berücksichtigungszeiten?... 140
Leistungsrechtliche Auswirkungen von
Berücksichtigungszeiten 142
Sonstige Regelungen.. 143

Was sind Kindererziehungszeiten?

Das RV-Leistungsverbesserungsgesetz hat mit Wirkung zum 01.07.2014 bei der Berücksichtigung von Kindererziehungszeiten eine wesentliche Änderung herbeigeführt. Diese betrifft Geburten für die Zeit vor dem 01.01.1992. Hier werden seit 01.07.2014 24 Kalendermonate, das heißt zwei Jahre, als Kindererziehungs-

Was sind Kindererziehungszeiten?

zeiten berücksichtigt. Von der neuen Mütterrente profitieren alle Frauen, die vor 1992 Kinder geboren haben.

Wichtig: Gleiches gilt für Väter, denen die Kindererziehungszeiten zuzurechnen sind (sog. Väterrente).

Die Verbesserung der Mütterrente führt zu jährlichen Kosten von derzeit rund 6,7 Milliarden Euro. Diese Kosten können in den nächsten Jahren ohne Beitragssatzerhöhung in der Rentenversicherung finanziert werden. Ab dem Jahr 2019 beteiligt sich der Bund mit zusätzlichen Mitteln an der Finanzierung der neuen Leistungen für Kindererziehung.

Zu unterscheiden sind die (heute) dreijährige Anerkennung der Kindererziehungszeit als Pflichtversicherungszeit und die Berücksichtigung weiterer Zeiten als sogenannte Berücksichtigungszeiten, die unter Umständen ebenfalls rentensteigernd sein können.

Das Sechste Buch Sozialgesetzbuch (SGB VI) bestimmt, dass für Zeiten der Erziehung eines Kindes in dessen ersten drei Lebensjahren Pflichtbeiträge als gezahlt gelten. Versichert werden Mütter und Väter, die ihr Kind im Gebiet der Bundesrepublik Deutschland erziehen und sich mit ihm dort gewöhnlich aufhalten. In diesem Sinne sind Mütter und Väter:

- Leibliche Eltern
- Adoptiveltern
- Stiefeltern
- Pflegeeltern

Wichtig: Eine Erziehungszeit ist dem Elternteil zuzuordnen, der sein Kind erzogen hat.

Selbst wenn das Kind im Haushalt nur eines Elternteils wohnt, der getrennt lebende Elternteil sich aber durch regelmäßige Besuche an der gemeinsamen Erziehung beteiligt, handelt es sich um eine gemeinsame Erziehung.

Lebt das Kind allerdings im Haushalt eines Elternteils und hat der andere Elternteil lediglich ein Besuchsrecht, liegt keine gemeinsame Erziehung vor.

Höhere Rentenansprüche

Haben die Eltern ihr Kind gemeinsam erzogen, können sie durch eine übereinstimmende Erklärung festlegen, welchem Elternteil die Erziehungszeit zuzuordnen ist.

Es ist möglich, die Erziehungszeit zwischen den Eltern aufzuteilen.

> **Beispiel:**
> Im 1. Lebensjahr des Kindes wird die Erziehungszeit der Mutter, im zweiten Jahr dem Vater und im dritten Jahr wieder der Mutter zugeordnet.

Beim Bestehen häuslicher Gemeinschaft wird von einer gemeinsamen Erziehung der Eltern ausgegangen. Das gilt auch, wenn sich ein Elternteil beispielsweise wegen beruflicher Inanspruchnahme weniger um das Kind kümmert als der andere Elternteil.

Wichtig: Die Erklärung über die Aufteilung der Kindererziehungszeiten ist gegenüber dem zuständigen Rentenversicherungsträger abzugeben. Sind beide Elternteile aber bei verschiedenen Rentenversicherungsträgern versichert, können die Eltern wählen, welcher Rentenversicherungsträger zuständig sein soll.

> **Praxis-Tipp:**
> Es reicht übrigens aus, wenn die Erklärung einem anderen Sozialleistungsträger, zum Beispiel der gesetzlichen Krankenkasse, zugeht. Zudem kann die Erklärung bei einem Versichertenältesten des Rentenversicherungsträgers oder einem Bürgermeisteramt abgegeben werden. Die betreffenden Stellen haben die Erklärung unverzüglich an den zuständigen Rentenversicherungsträger weiterzuleiten. Die Anschriften der Rentenversicherungsträger und ihrer Beratungsstellen finden Sie im Internet. Außerdem erteilen Ihnen die Gemeinden sowie Bürgermeisterämter Auskunft darüber.

Wichtig: Haben die Eltern keine übereinstimmende Erklärung abgegeben, ist die Erziehungszeit der Mutter zuzuordnen.

Leistungsrechtliche Auswirkungen der Kindererziehungszeiten

Beginn und Ende der Kindererziehungszeit

- Die Kindererziehungszeit beginnt nach Ablauf des Monats der Geburt,
- endet nach 36 Kalendermonaten, wenn die Geburt nach dem 31.12.1991 erfolgt,
- endet nach 24 Kalendermonaten, wenn das Kind vor dem 01.01.1992 geboren worden ist.

Beispiele:
- Das Kind ist am 17.03.1990 geboren. Die Kindererziehungszeit begann am 01.04.1990 und endete am 31.03.1992.
- Das Kind ist am 17.03.2018 geboren. Die Kindererziehungszeit beginnt am 01.04.2018 und endet am 31.03.2021.

Wird während des Erziehungszeitraums vom erziehenden Elternteil ein weiteres Kind erzogen, für das ihm eine Kindererziehungszeit anzurechnen ist, wird die Kindererziehungszeit für dieses und jedes weitere Kind um die Anzahl der Kalendermonate der gleichzeitigen Erziehung verlängert.

Bei Mehrlingsgeburten wird die Kindererziehungszeit für jedes Kind gewährt, beispielsweise bei Zwillingen, die nach dem 31.12.1991 geboren sind, für 72 Monate.

Leistungsrechtliche Auswirkungen der Kindererziehungszeiten

Kindererziehungszeiten wirken sich wie alle anderen Beitragszeiten (obwohl in Zusammenhang mit der Kindererziehung Beiträge nicht gezahlt werden) direkt auf die Höhe der Rente aus und erhalten als Beitragszeiten persönliche Entgeltpunkte.

Für jeden Kalendermonat Kindererziehungszeit werden 0,0833 Entgeltpunkte gutgeschrieben. Das sind für jedes Jahr Kindererziehungszeit 0,9996 Entgeltpunkte.

Damit wird der kindererziehende Versicherte so behandelt, als habe er ein Durchschnittsentgelt versichert.

Höhere Rentenansprüche

Die Höhe des Monatsbetrags aus Rente für Kindererziehungszeiten ergibt sich durch Multiplikation der erwähnten Entgeltpunkte mit dem aktuellen Rentenwert. Dieser ändert sich in der Regel jeweils zum 01.07. eines Jahres.

Seit 01.07.2017 beträgt der Rentenwert:

- in den alten Bundesländern 31,03 Euro
- in den neuen Bundesländern 29,69 Euro

Beispiel:

0,9996 Entgeltpunkte × 31,03 Euro (alte Länder) = 31,02 Euro Monatsbetrag der Rente

0,9996 Entgeltpunkte × 29,69 Euro (neue Länder) = 29,68 Euro Monatsbetrag der Rente

Wichtig: Der Rentenanspruch ist von der Erfüllung einer Wartezeit abhängig, deren Dauer je nach Rentenart unterschiedlich ist. Kindererziehungszeiten, die ja als Pflichtbeitragszeiten gelten, werden auf alle Wartezeiten angerechnet. Die Wartezeiten der einzelnen Rentenarten sind sehr unterschiedlich und können bei den jeweiligen Rentenversicherungsträgern abgerufen werden.

7 Was sind Berücksichtigungszeiten?

Die Berücksichtigungszeit wegen Kindererziehung beginnt – anders als die Kindererziehungszeit – bereits mit dem Tag der Geburt und endet mit der Vollendung des 10. Lebensjahres des Kindes. Sofern die Voraussetzungen für die Anrechnung einer Kinderberücksichtigungszeit nicht bereits am Tag der Geburt vorliegen, sondern erst später eintreten und/oder vor Ablauf des Zehn-Jahres-Zeitraums entfallen, beginnt bzw. endet die Berücksichtigungszeit entsprechend.

Die Zeit der Erziehung eines Kindes bis zu dessen vollendetem 10. Lebensjahr ist bei einem Elternteil eine Berücksichtigungszeit, soweit die Voraussetzungen für die Anrechnung einer Kindererziehungszeit auch in dieser Zeit vorliegen.

Was sind Berücksichtigungszeiten?

Handelt es sich um eine Mehrlingsgeburt, werden – wie bei der Geburt eines einzelnen Kindes – zehn Jahre als Berücksichtigungszeit gewährt.

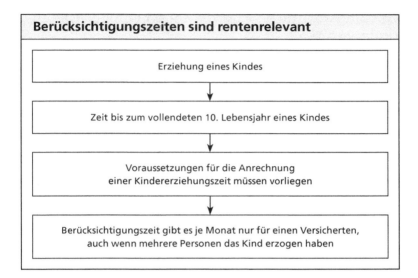

Hier liegt ebenfalls ein Gegensatz zur Regelung der Kindererziehungszeiten vor. Dort wird für jedes Kind eine Kindererziehungszeit gewährt.

Für Zeiten einer mehr als geringfügig ausgeübten selbstständigen Tätigkeit gelten die vorstehenden Ausführungen nur, soweit diese Zeiten auch Pflichtbeitragszeiten sind.

Wichtig: Bei mehreren, nacheinander geborenen Kindern endet die Berücksichtigungszeit spätestens mit dem Ende des Zehn-Jahres-Zeitraums für das zuletzt geborene Kind.

Beispiel:

Das erste Kind wird am 01.06.2008, das zweite Kind am 10.05.2009, das dritte Kind am 25.08.2012 und das vierte Kind am 07.07.2016 geboren.

Höhere Rentenansprüche

> Die Berücksichtigungszeit besteht vom 01.06.2008 bis zum 06.07.2026.

Leistungsrechtliche Auswirkungen von Berücksichtigungszeiten

Rentenhöhe

Berücksichtigungszeiten wegen Kindererziehung erhöhen die Rente anders als Kindererziehungszeiten nur mittelbar, nämlich im Rahmen der sogenannten Gesamtleistungsbewertung.

Bei der Gesamtleistungsbewertung für beitragsfreie Zeiten geht es um die Ermittlung der Entgeltpunkte, mit denen die beitragsfreien Zeiten zu bewerten sind.

Dabei handelt es sich um Anrechnungszeiten, wie zum Beispiel Zeiten des Schulbesuchs, und um Zurechnungszeiten, die insbesondere bei Berufs- und Erwerbsunfähigkeitszeiten hinzugerechnet werden, wenn der Versicherte das 60. Lebensjahr noch nicht vollendet hat, aber auch um Ersatzzeiten, wie Zeiten des Kriegsdienstes oder der Vertreibung.

Für die Ermittlung des Gesamtleistungswerts erhalten nicht nur Beitragszeiten, sondern auch Berücksichtigungszeiten Entgeltpunkte.

Die Berücksichtigungszeiten wegen Kindererziehung erhalten für jeden Kalendermonat 0,0833 Entgeltpunkte.

Wartezeit

Berücksichtigungszeiten wegen Kindererziehung werden auf die Wartezeit von 35 Jahren angerechnet.

Zuordnung der Berücksichtigungszeiten

Erziehen die Eltern ihr Kind gemeinsam, können sie übereinstimmend erklären, welchem Elternteil die Berücksichtigungszeiten zugeordnet werden sollen. Dabei gelten die für Kindererziehungszeiten maßgebenden Regelungen. Beachten Sie dazu bitte die obigen Ausführungen.

Praxis-Tipp:

Es wird immer wieder festgestellt, dass bei einzelnen Versicherten Kindererziehungs- bzw. Berücksichtigungszeiten nicht erfasst sind, obwohl bereits Rentenansprüche geltend gemacht werden.

Dies hat für Sie als Versicherte bzw. Versicherten aber keine Nachteile, da eine solche Feststellung noch im Rentenantragsverfahren getroffen werden kann. In den Rentenanträgen wird auf die Geltendmachung von Kindererziehungs- und Berücksichtigungszeiten aufmerksam gemacht.

Sonstige Regelungen

Seit 2002 werden die Rentenanwartschaften von Erziehungspersonen, die während der ersten zehn Lebensjahre des Kindes erwerbstätig sind, aber – etwa wegen Teilzeitarbeit – unterdurchschnittlich verdienen, bei der Rentenberechnung aufgewertet, und zwar für Zeiten ab 1992. Dabei werden die individuellen Entgelte um 50 Prozent auf maximal das volle Durchschnittseinkommen erhöht. Dazu müssen insgesamt 25 Jahre mit rentenrechtlichen Zeiten vorliegen.

Diese Begünstigung kommt auch Erziehenden zugute, die wegen der Betreuung eines pflegebedürftigen Kindes vielfach nicht erwerbstätig sein können.

Auch hier wird die für die Pflegeperson anzuerkennende Pflichtbeitragszeit bei der Berechnung der Rente um 50 Prozent auf maximal 100 Prozent des Durchschnittsverdienstes aufgewertet, und zwar bis zur Vollendung des 18. Lebensjahres des Kindes.

Für Erziehende mit mehreren Kindern unter zehn Jahren sieht das Gesetz weitere Ausgleichsmaßnahmen vor, um Lücken bei der Rente zu schließen. Für sie wird nach Auslaufen der Kindererziehungszeit eine rentenrechtliche Gutschrift von Entgeltpunkten gewährt, und zwar für Zeiten ab 1992.

Höhere Rentenansprüche

Beachten Sie zur gesetzlichen Rentenversicherung die im Walhalla Fachverlag erschienenen Bücher:

SGB VI – Gesetzliche Rentenversicherung
ISBN 978-3-8029-7295-9

Als Rentner alle Ansprüche voll ausschöpfen
ISBN 978-3-8029-4091-0

Recht auf Sozialhilfe

Hilfe bei Schwangerschaft und Mutterschaft 146
Kinderzuschlag.. 147

Hilfe bei Schwangerschaft und Mutterschaft

Die Träger der Sozialhilfe (Sozialämter) gewähren als Teil der Hilfen zur Gesundheit die Leistung „Hilfe bei Schwangerschaft und Mutterschaft" (§ 50 SGB XII).

Hilfen zur Gesundheit werden gewährt, soweit der nachfragenden Person, den nicht getrennt lebenden Ehegatten oder Lebenspartnern die Aufbringung der Mittel aus dem Einkommen oder Vermögen nicht zuzumuten ist. Voraussetzung ist, dass während der Bedarfsdauer ihr monatliches Einkommen zusammen eine besondere Einkommensgrenze nicht übersteigt.

Eine weitere besondere Einkommensgrenze gilt, wenn die nachfragende Person minderjährig oder unverheiratet ist.

Die Hilfe umfasst:

- ärztliche Behandlung und Betreuung sowie Hebammenhilfe
- Versorgung mit Arznei-, Verband- und Heilmitteln
- Pflege in einer stationären Einrichtung
- häusliche Pflegeleistungen

> **Praxis-Tipp:**
> Die Leistungen entsprechen in der Regel den Leistungen, die nach den Vorschriften über die gesetzliche Krankenversicherung gewährt werden.

Hilfeberechtigte, die erwerbsfähig sind, erhalten Leistungen nicht nach dem SGB XII (Sozialhilfe), sondern nach dem SGB II (Grundsicherung für Arbeitsuchende). Hier wird für werdende Mütter ein Mehrbedarf beim Lebensunterhalt anerkannt (§ 21 Abs. 2 SGB II). Der Anspruch beginnt nach der zwölften Schwangerschaftswoche. Er beträgt 17 Prozent des maßgebenden Regelbedarfs. Erstausstattungen für Bekleidung und Erstausstattungen bei Schwangerschaft und Geburt werden nach § 24 Abs. 3 Nr. 2 SGB II gewährt.

Wichtig: Sorgen Sie nach Geburt Ihres Kindes allein für das Kind, haben Sie Anspruch auf Anerkennung eines Mehrbedarfs in Höhe von mindestens 36 Prozent der maßgebenden Regelleistungen.

Allerdings darf die Summe des insgesamt gezahlten Mehrbedarfs die Höhe der Regelleistung, die für erwerbsfähige Hilfebedürftige gilt, nicht übersteigen.

Mit der Geburt eines Kindes verändert sich aber auch der Anspruch auf Sozialhilfe. § 30 SGB XII sieht hier sogenannte Mehrbedarfe vor. Diese werden auch als Zuschläge bezeichnet. Solche Zuschläge gibt es auch für Kinder.

Personen, die allein mit einem Kind zusammenleben und für dessen Pflege und Erziehung sorgen, ist ein solcher Zuschlag in Höhe von 36 Prozent der Regelbedarfsstufe zu gewähren.

> **Praxis-Tipp:**
> Erkundigen Sie sich schnellstmöglich nach der Geburt Ihres Kindes nach den Ihnen zustehenden Ansprüchen.

Wichtig: Die Regelsätze bestimmen sich nach Landesrecht.

Kinderzuschlag

Der Kinderzuschlag (KiZ) wurde zusammen mit dem Arbeitslosengeld II zum 01.01.2005 nach § 6a Bundeskindergeldgesetz (BKGG) eingeführt. Beachten Sie zum Bundeskindergeldgesetz im Übrigen die Ausführungen in Kapitel 9.

Der KiZ ist eine bedürftigkeitsabhängige und bedarfsorientierte Sozialleistung, die auf Antrag durch die Familienkassen der Bundesagentur für Arbeit gewährt werden kann. Die Einführung des KiZ ist mit einem zentralen Zweck verbunden: nämlich jener Bedürftigkeit einer Familie zu begegnen, die sich ausschließlich aus der Bedürftigkeit der in der Familie lebenden Kinder im Sinne des SGB II ergibt.

Faktisch soll der KiZ einem Bezug von Arbeitslosengeld II entgegenwirken und richtet sich somit an Eltern oder einen Elternteil, aber auch an sogenannte Patchwork-Familien, die in der Lage

Recht auf Sozialhilfe

sind, ihren eigenen Lebensunterhalt, nicht jedoch den der in der Familie lebenden Kinder, auskömmlich zu bestreiten.

Wie der Unterhaltsvorschuss wird auch der KiZ nur zeitlich begrenzt gewährt. Die Höchstleistungsdauer ist beim KiZ auf 36 Monate beschränkt. Die Bewilligung endet jedoch in jedem Fall mit Volljährigkeit des Kindes.

Der KiZ kann bis zu einer Höhe von monatlich 170 Euro bewilligt werden. Sollte die jeweils festgestellte KiZ-Höhe nicht geeignet sein, die Beseitigung der Bedürftigkeit der in der Familie lebenden Kinder zu verwirklichen, wird der KiZ abgelehnt und es ist sodann das Arbeitslosengeld II in Anspruch zu nehmen.

Beachten Sie zur Sozialhilfe und zur Grundsicherung für Arbeitsuchende folgende im Walhalla Fachverlag erschienenen Bücher:

SGB II – Grundsicherung für Arbeitsuchende
ISBN 978-3-8029-7292-8

Der aktuelle Hartz IV-Ratgeber
ISBN 978-3-8029-4097-2

SGB XII – Sozialhilfe: Grundsicherung im Alter und bei Erwerbsminderung
ISBN 978-3-8029-7291-1

Kindergeld

Anspruchsberechtigung 150
Höhe des Kindergelds 153
Beginn und Ende des Anspruchs auf Kindergeld.................. 155
Antrag... 156
Mitwirkungspflichten 156
Zahlung des Kindergelds an eine andere Person oder eine
Behörde 158
Rückwirkende Erhöhung des Kindergelds............................. 159
Zuständige Stelle 159

Anspruchsberechtigung

Eltern können für ihre Kinder Kindergeld beanspruchen. Deutsche haben grundsätzlich Anspruch auf Kindergeld, wenn sie in Deutschland

- ihren Wohnsitz oder
- gewöhnlichen Aufenthalt

haben.

Auch im Ausland wohnende Deutsche erhalten Kindergeld.

Dagegen können in Deutschland wohnende Ausländer nur dann Kindergeld erhalten, wenn sie eine gültige Niederlassungserlaubnis besitzen. Bestimmte Aufenthaltstitel können ebenfalls zu einem Kindergeldanspruch führen.

Diese Voraussetzungen müssen für freizügigkeitsberechtigte Staatsangehörige der EU sowie des Europäischen Wirtschaftsraums (vgl. Seite 62 ff.) nicht vorliegen.

Kindergeld steht auch Staatsangehörigen anderer Staaten zu, mit denen Deutschland entsprechende zwischenstaatliche Abkommen bzw. Assoziationsabkommen abgeschlossen hat. Es geht hier um folgende Staaten:

- Algerien
- Bosnien und Herzegowina
- Kosovo
- Marokko
- Serbien
- Montenegro
- Tunesien
- Türkei

Auch unanfechtbar anerkannte Flüchtlinge und Asylberechtigte können Kindergeld erhalten.

Anspruchsberechtigung

Wer im Ausland wohnt und in Deutschland nicht unbeschränkt steuerpflichtig ist, kann Kindergeld als Sozialleistung nach dem Bundeskindergeldgesetz beantragen. Voraussetzung ist, dass er

- in einem Versicherungspflichtverhältnis in der Arbeitsförderung (Arbeitslosenversicherung) steht oder
- als Entwicklungshelfer oder Missionar tätig ist oder
- Rente nach deutschen Rechtsvorschriften bezieht, Staatsangehöriger eines Mitgliedstaats der EU bzw. des Europäischen Wirtschaftsraums ist und in einem der Mitgliedstaaten lebt.

Im Übrigen wird die Leistung „Kindergeld" nach dem Einkommensteuergesetz (§§ 62 bis 78 EstG) erbracht.

Besteht für einen Elternteil nach dem Einkommensteuergesetz (EStG) und für den anderen nach dem Bundeskindergeldgesetz Anspruch, hat der Anspruch nach dem Einkommensteuergesetz Vorrang.

Kinder nach § 32 Abs. 1 EStG sind:

- im ersten Grad mit dem Berechtigten verwandte Kinder
- Pflegekinder
- vom Berechtigten in seinen Haushalt aufgenommene Kinder eines Ehegatten (Stiefkinder)
- vom Berechtigten in seinen Haushalt aufgenommene Enkel

Für in den Haushalt aufgenommene Geschwister besteht nur dann ein Anspruch auf Kindergeld, wenn sie als Pflegekinder berücksichtigt werden können.

Um ein Pflegekind handelt es sich, wenn der Antragsteller mit dem Kind familienähnlich und auf längere Dauer verbunden ist und er es nicht zu Erwerbszwecken in seinen Haushalt aufgenommen hat.

Wichtig: Die Pflegekinder müssen wie eigene Kinder zur Familie gehören. Es darf zu den leiblichen Eltern kein Obhuts- und Betreuungsverhältnis bestehen.

Kindergeld

Eine Haushaltsaufnahme im obigen Sinne ist nur gegeben, wenn das Kind ständig

- in der Familienwohnung des Antragstellers lebt,
- dort versorgt und
- betreut wird.

Bis zur Vollendung des 18. Lebensjahres wird für alle Kinder Kindergeld gewährt. Über das 18. Lebensjahr hinaus ist dies nur beim Vorliegen bestimmter Voraussetzungen möglich.

Bis zur Vollendung des 25. Lebensjahres des Kindes wird Kindergeld gezahlt, wenn es sich in Berufsausbildung befindet.

Wird eine Ausbildung wegen Erkrankung oder Mutterschaft nur vorübergehend unterbrochen, wird das Kindergeld grundsätzlich weitergezahlt. Das gilt jedoch nicht für Unterbrechungszeiten wegen Kindesbetreuung nach Ablauf der Mutterschutzfrist (z. B. Elternzeit, vgl. Kapitel 6).

Kindergeld gibt es auch für eine Übergangszeit (Zwangspause). Angesprochen sind hier beispielsweise Zeiten zwischen Schulabschluss und Beginn der Berufsausbildung, vor und nach einem Freiwilligendienst.

Über das 25. Lebensjahr hinaus wird für Kinder in Schul- oder Berufsausbildung sowie im Studium Kindergeld gezahlt, wenn diese entweder freiwilligen Wehrdienst geleistet haben oder als Entwicklungshelfer tätig waren.

Für Kinder, die nicht in einem Beschäftigungsverhältnis stehen und als Arbeitsuchende gemeldet sind, besteht bis zur Vollendung des 21. Lebensjahres Anspruch auf Kindergeld. Das gilt auch, wenn die Arbeitslosenmeldung in einem anderen EU-Staat, einem Staat des Europäischen Wirtschaftsraums oder in der Schweiz erfolgt ist.

Will ein über 18 Jahre altes Kind eine Berufsausbildung beginnen, ist dies aber wegen eines fehlenden Ausbildungsplatzes nicht möglich oder kann eine entsprechende Ausbildung nicht fortgesetzt werden, besteht bis zur Vollendung des 25. Lebensjahres ein Kindergeldanspruch.

Bis zur Vollendung des 25. Lebensjahres wird Kindergeld auch für Kinder gezahlt, die einen Freiwilligendienst leisten, zum Beispiel:
- ein freiwilliges soziales Jahr
- ein freiwilliges ökologisches Jahr
- Bundesfreiwilligendienst
- einen Internationalen Jugendfreiwilligendienst
- einen entwicklungspolitischen Freiwilligendienst
- einen Freiwilligendienst aller Generationen

Für ein über 18 Jahre altes Kind wird Kindergeld gezahlt, wenn es wegen einer
- körperlichen,
- geistigen oder
- seelischen

Behinderung nicht in der Lage ist, sich selbst zu unterhalten. Dies trifft zu, wenn das Kind mit den ihm zur Verfügung stehenden finanziellen Mitteln seinen gesamten notwendigen Lebensbedarf nicht bestreiten kann.

Die Behinderung des Kindes muss vor Vollendung des 25. Lebensjahres eingetreten sein.

Der Gesetzgeber geht davon aus, dass mit der Heirat die Eltern nicht mehr zum Unterhalt des Kindes verpflichtet sind, sondern der Ehegatte. Ein verheiratetes volljähriges Kind wird deshalb grundsätzlich nicht berücksichtigt.

Höhe des Kindergelds

Kindergeld wird monatlich in folgender Höhe gezahlt:
- für das erste und zweite Kind jeweils 192 Euro
- für ein drittes Kind 198 Euro
- für jedes weitere Kind 223 Euro

Welches Kind bei einem Berechtigten erstes, zweites, drittes oder weiteres Kind ist, richtet sich nach der Reihenfolge der Geburten.

Kindergeld

Das älteste Kind ist stets das erste Kind. In der Reihenfolge der Kinder zählen als „Zählkinder" auch diejenigen Kinder mit, für die der Berechtigte kein Kindergeld erhalten kann, weil es einem anderen Elternteil vorrangig zusteht (vgl. dazu die noch folgenden Ausführungen).

Kinder, für die kein Kindergeldanspruch mehr besteht, zählen in der Reihenfolge nicht mit.

> **Beispiel:**
>
> Ein Berechtigter hat vier Kinder. Er erhält als Kindergeld:
>
> für die beiden älteren Kinder 2 x 192 Euro = 384 Euro
>
> für das dritte Kind 198 Euro
>
> für das vierte Kind 223 Euro
>
> Insgesamt hat er Anspruch auf monatlich 805 Euro.
>
> Hat das älteste Kind die Altersgrenze überschritten, rücken die drei jüngeren Geschwister an die Stelle des ersten, zweiten und dritten Kindes. Das bedeutet, dass sich durch Wegfall des ältesten Kindes das monatliche Kindergeld um 223 Euro auf insgesamt 582 Euro verringert.

Für ein und dasselbe Kind kann immer nur eine Person Kindergeld erhalten. Dieses wird dem Elternteil gezahlt, der das Kind in seinen Haushalt aufgenommen hat. Lebt das Kind nicht im Haushalt eines Elternteils, erhält das Kindergeld derjenige Elternteil, der dem Kind laufend (den höheren) Barunterhalt zahlt. Andere Unterhaltsleistungen bleiben außer Betracht.

Wird dem Kind von beiden Elternteilen kein Barunterhalt oder Barunterhalt in gleicher Höhe gezahlt, können die Eltern untereinander bestimmen, wer von ihnen das Kindergeld erhalten soll. Eltern, die nicht dauernd getrennt leben, können untereinander mittels einer Berechtigtenbestimmung festlegen, wer von ihnen das Kindergeld für ihr im gemeinsamen Haushalt lebendes Kind erhalten soll.

Auf diese Weise haben Eltern die Möglichkeit, denjenigen zum Kindergeldberechtigten zu bestimmen, bei dem sich eventuell ein höherer Kindergeldanspruch ergibt.

Die Zahlung des Kindergelds ist ausgeschlossen, wenn für ein Kind ein Anspruch besteht auf:

- Kinderzulage aus der gesetzlichen Unfallversicherung
- Kinderzuschuss aus der gesetzlichen Rentenversicherung
- Leistungen für Kinder, die im Ausland gezahlt werden und dem Kindergeld, der Kinderzulage bzw. dem Kinderzuschuss vergleichbar sind
- Leistungen für Kinder von einer zwischen- oder überstaatlichen Einrichtung, die dem Kindergeld vergleichbar sind

Steht für ein Kind eine der genannten Leistungen zu, kann es jedoch bei einem etwaigen Kindergeldanspruch für jüngere Kinder als Zählkind mitgezählt werden. So kann es zur Erhöhung des Kindergeldanspruchs beitragen.

Wichtig: Ist der Kinderzuschuss bzw. die Kinderzulage zur Rente niedriger als das Kindergeld, wird der Unterschiedsbetrag als Teilkindergeld gezahlt.

Beginn und Ende des Anspruchs auf Kindergeld

Der Anspruch auf Kindergeld besteht grundsätzlich für jeden Monat, in dem wenigstens an einem Tag die Anspruchsvoraussetzungen bestanden haben. Der Anspruch verjährt vier Jahre nach dem Jahr der Entstehung.

Zunächst endet die Zahlung des Kindergelds mit Ablauf des Monats, in dem das Kind das 18. Lebensjahr vollendet hat. Hat ein Kind seinen 18. Geburtstag am 1. eines Monats, endet der Anspruch auf Kindergeld bereits mit dem Vormonat. Eine Weiterzahlung kommt nur in Betracht, wenn eine der oben behandelten Voraussetzungen vorliegt (z. B. Schul- oder Berufsausbildung), dies der Familienkasse nachgewiesen und Kindergeld erneut beantragt wird.

Kindergeld

Antrag

Das Kindergeld ist bei der zuständigen Familienkasse (vgl. Seite 159 ff.) zu beantragen.

Wichtig: Es ist immer ein schriftlicher Antrag erforderlich. Den Antrag kann außer dem Berechtigten auch stellen, wer ein berechtigtes Interesse an der Kindergeldzahlung hat. Das ist beispielsweise derjenige, der einem Kind Unterhalt anstelle der Eltern gewährt. Das Kind selbst kann einen solchen Antrag allerdings erst stellen, wenn es 18 Jahre alt und damit voll geschäftsfähig ist.

> **Praxis-Tipp:**
> Unter der Internet-Adresse www.formular.arbeitsagentur.de steht Ihnen ein Online-Formularservice zur Verfügung. Hier kann das Antragsformular für das Kindergeld bequem ausgefüllt und vorab verschlüsselt an die Familienkasse übertragen werden.
>
> Der vollständig ausgefüllte und unterschriebene Antrag sollte der zuständigen Familienkasse möglichst per Post zugesandt werden.

Mitwirkungspflichten

Bestimmte Angaben im Antrag müssen mittels Urkunden oder Bescheinigungen nachgewiesen werden. Auf Wunsch sendet die Kindergeldkasse die Unterlagen zurück.

> **Praxis-Tipp:**
> Die Geburtsurkunde bzw. die Geburtsbescheinigung ist jeweils im Original bzw. als beglaubigte Kopie erforderlich. Die restlichen Unterlagen können als Kopie übersandt werden. Diese müssen allerdings in einwandfreiem Zustand sein und dürfen keinen Zweifel an der Übereinstimmung mit dem Original aufkommen lassen.

Mitwirkungspflichten

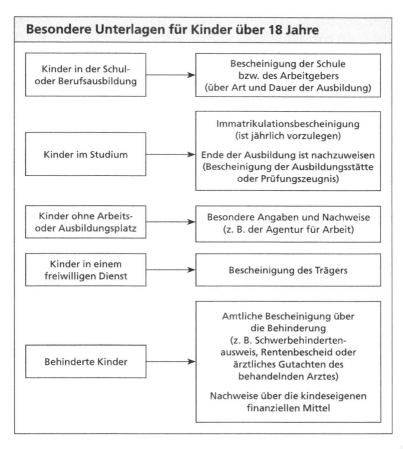

Bereits 2013 wurde in der Familienkasse das Verfahren auf eine vollständige elektronische Aktenführung umgestellt. Die eingereichten Papierunterlagen wurden nach Überführung in elektronischer Form abgelegt und werden nach einer begrenzten Aufbewahrungszeit vernichtet.

Wer Kindergeld beantragt oder erhält, hat Änderungen in den Verhältnissen, die für die Leistung erheblich sind oder über die im Zusammenhang mit der Leistung Erklärungen abgegeben worden sind, unverzüglich der zuständigen Familienkasse mitzuteilen. Ein

Kindergeld

Kind, das das 18. Lebensjahr vollendet hat, ist auf Verlangen der Familienkasse verpflichtet, an der Aufklärung des für die Kindergeldzahlung maßgebenden Sachverhalts mitzuwirken. Auf Antrag des Berechtigten erteilt die auszahlende Stelle eine Bescheinigung über das für das Kalenderjahr ausgezahlte Kindergeld.

Zahlung des Kindergelds an eine andere Person oder eine Behörde

Wenn der Berechtigte seinem Kind keinen Unterhalt leistet, kann die Familienkasse das auf dieses Kind entfallende Kindergeld auf Verlangen an diejenige Person oder Behörde auszahlen (abzweigen), die dem Kind tatsächlich Unterhalt gewährt. Abgezweigt wird der auf das Kind entfallende Betrag, der sich grundsätzlich bei gleichmäßiger Verteilung des monatlichen Gesamtanspruchs auf alle Kinder ergibt.

Sozial- und Jugendämter können die Auszahlung des anteiligen Kindergelds unter bestimmten Voraussetzungen verlangen, wenn sie dem Berechtigten oder einem Kind ohne Anrechnung von Kindergeld Leistungen gewährt haben.

Das Kindergeld kann im Übrigen wegen der gesetzlichen Unterhaltsansprüche eines Kindes, das bei der Festsetzung des Kindergelds berücksichtigt wird, vom Berechtigten an einen Dritten abgetreten oder beim Berechtigten gepfändet werden. Abtretungen und Pfändungen aus anderen Gründen sind unzulässig.

Zu Unrecht gezahltes Kindergeld ist zurückzuzahlen. Hierüber erteilt die Familienkasse einen Bescheid. Ein Einspruch gegen diesen Bescheid hat keine aufschiebende Wirkung.

Die Familienkasse prüft in bestimmten Abständen, ob die Voraussetzungen für den Kindergeldanspruch noch vorliegen und das Kindergeld in der zutreffenden Höhe gezahlt wird. So ist beispielsweise festzustellen, ob

- der Berechtigte sich auch weiterhin in Deutschland aufhält und die Kinder in seinem Haushalt leben,
- die Schul- oder Berufsausbildung oder das Studium der Kinder noch fortdauert.

Die Haushaltszugehörigkeit der Kinder wird von der Familienkasse in regelmäßigen Abständen (teilweise in Abstimmung mit den Meldebehörden) überprüft.

In solchen Überprüfungsfällen werden Fragebögen an den Berechtigten gesandt oder man teilt ihm mit, welche Angaben bzw. welche Unterlagen erforderlich sind. Die Überprüfung durch die Familienkasse befreit den Leistungsbezieher nicht von seiner eigenen Verpflichtung, für den Anspruch auf Kindergeld bedeutsame Änderungen unverzüglich mitzuteilen.

Rückwirkende Erhöhung des Kindergelds

Als Artikel 8 des „Gesetzes zur Anhebung des Grundfreibetrags, des Kinderfreibetrags, des Kindergelds und des Kinderzuschlags" vom 16.07.2015 ist mit Wirkung ab 01.01.2015 das „Gesetz zur Nichtanrechnung rückwirkender Erhöhungen des Kindergelds" in Kraft getreten. Wird danach das Kindergeld rückwirkend erhöht, ist der Unterschiedsbetrag zwischen dem nach bisheriger Rechtslage zustehenden Kindergeld und dem erhöhten Kindergeld bei Sozialleistungen nicht als Einkommen zu berücksichtigen. Voraussetzung ist, dass der Unterschiedsbetrag für die Zeit bis zum Ablauf des Kalendermonats gewährt wird, der auf den Monat des Erhöhungsgesetzes folgt. Es handelt sich dabei um Sozialleistungen, deren Zahlung von anderen Einkommen abhängig ist.

Die vorstehende Regelung gilt unabhängig vom Zeitpunkt des Zuflusses des Unterschiedsbetrags.

Zuständige Stelle

Für die Gewährung des Kindergelds ist die Bundesagentur für Arbeit zuständig. Sie führt in Zusammenhang mit der Gewährung von Kindergeld die Bezeichnung „Familienkasse". Die Aufwendungen der Bundesagentur für Arbeit für die Gewährung von Kindergeld trägt der Bund. Er stellt der Bundesagentur nach Bedarf die erforderlichen Mittel bereit.

Die monatliche Auszahlung des Kindergelds durch die Familienkasse richtet sich nach der Kindergeldnummer. Maßgeblich für den Zeitpunkt der Auszahlung ist die letzte Ziffer (Endziffer) der

Kindergeld

Nummer. So erfolgt beispielsweise bei der Kindergeldnummer 115FK154720 (Endziffer 0) die Zahlung zu Beginn des Monats, bei der Kindergeldnummer 735FK124619 (Endziffer 9) am Ende des Monats. Das Kindergeld wird auf ein vom Berechtigten angegebenes Konto bei einem Geldinstitut überwiesen.

> **Praxis-Tipp:**
> Aktuelle Informationen erhalten Sie unter: www.familienkasse.de

Bei Angehörigen des öffentlichen Dienstes und Empfängern von Versorgungsbezügen wird das Kindergeld in der Regel von ihren Dienstherren oder Arbeitgebern in deren Eigenschaft als Familienkasse festgesetzt und monatlich ausgezahlt. Ist der Berechtigte Angehöriger eines Mitgliedstaats der EU, des Europäischen Wirtschaftsraums oder stammt er aus Serbien, Montenegro, Bosnien und Herzegowina, Marokko, Tunesien, Algerien, dem Kosovo, der Schweiz oder der Türkei, ist für die Festsetzung und Auszahlung des Kindergelds die Familienkasse zuständig, in deren Bezirk der Berechtigte wohnt.

Vorstehendes gilt auch, wenn nur ein nachrangig Berechtigter (insbesondere der Ehepartner des Berechtigten oder der andere Elternteil des Kindes) Angehöriger eines vorgenannten Staats ist und für einen Arbeitgeber mit Sitz in einem dieser Staaten tätig ist oder eine Entgeltersatzleistung von dort bezieht.

So setzen Sie Ihre Interessen durch

Interessen gegenüber dem Arbeitgeber 162
Interessen gegenüber Behörden... 162
Interessen gegenüber dem Kindesvater 164

Interessen gegenüber dem Arbeitgeber

Es wurde bereits darauf hingewiesen, welche Aufsichtsbehörden in Zusammenhang mit den Vorschriften des Mutterschutzgesetzes bestehen. Wenn Sie mit der Entscheidung einer solchen Behörde nicht einverstanden sind, bleibt Ihnen der Weg zum Verwaltungsgericht.

Kommt der Arbeitgeber seinen arbeitsrechtlichen Pflichten nicht nach, zahlt er beispielsweise den Mutterschutzlohn bei Bestehen eines Beschäftigungsverbots nicht oder – Ihrer Ansicht nach – in zu geringer Höhe, bleibt nur der Weg zum Arbeitsgericht.

Allerdings bestehen vor einer Klage gegen den Arbeitgeber weitere Möglichkeiten:

Gibt es im Betrieb, dem Sie angehören, einen Betriebs- oder Personalrat, können Sie sich an diesen wenden. Wenn Sie gewerkschaftlich organisiert sind, schalten Sie die Gewerkschaft ein. Diese stellt Ihnen unter Umständen auch einen Rechtsvertreter bei einem Verfahren vor dem Arbeitsgericht.

> **Praxis-Tipp:**
> Die Arbeitsgerichte unterhalten in der Regel einen kostenlosen Beratungsdienst. Dort bekommen Sie insbesondere Auskunft darüber, ob eine Klage vor dem Arbeitsgericht gegen Ihren Arbeitgeber Aussicht auf Erfolg hat.

Wird eine solche Klage eingereicht, ist sie vor dem Arbeitsgericht zu erheben; Berufungsmöglichkeiten gegen eine negative Entscheidung des Arbeitsgerichts gibt es vor dem Landesarbeitsgericht. Das Bundesarbeitsgericht ist als höchste Instanz der Arbeitsgerichtsbarkeit für Revisionen zuständig.

10 Interessen gegenüber Behörden

Angelegenheiten aus dem Bereich des Bundeselterngeld- und Elternzeitgesetzes können sowohl arbeitsrechtlicher als auch sozialrechtlicher Natur sein. Geht es um die Elternzeit, sind Sie in der Regel mit Entscheidungen des Arbeitgebers nicht einver-

Interessen gegenüber Behörden

standen. Beachten Sie dann bitte die obigen Ausführungen zum Arbeitsrecht.

Sind Sie mit Entscheidungen der Elterngeldstelle nicht einverstanden, bleibt Ihnen unter Umständen nur die Klage vor dem Sozialgericht.

Das Gleiche gilt, wenn Sie sich gegen Entscheidungen der gesetzlichen Krankenkasse wenden wollen, zum Beispiel, weil Sie mit der Höhe des Mutterschaftsgelds nicht einverstanden sind.

Die Sozialgerichte sind allerdings zuständig, wenn Sie mit einer Entscheidung des Sozialamts oder einer anderen für die Gewährung von Arbeitslosengeld II zuständigen Stelle nicht zufrieden sind.

Vor der Klage gegen die gesetzliche Krankenkasse ist das sogenannte Widerspruchsverfahren durchzuführen. Das heißt, gegen die Entscheidung der gesetzlichen Krankenkasse legen Sie zunächst Widerspruch ein. Das Gleiche gilt im Übrigen, wenn Sie mit Entscheidungen der Elterngeldstelle nicht einverstanden sind.

Wichtig: Sowohl das Widerspruchsverfahren als auch das Verfahren vor der Sozialgerichtsbarkeit sind für den Versicherten kostenfrei. Allerdings kann er zur Zahlung sogenannter Mutwillenskosten herangezogen werden, wenn er beispielsweise das Verfahren verschleppt.

Das Gericht entscheidet im Urteil, ob dem Kläger die ihm entstandenen Rechtsverfolgungskosten (insbesondere Kosten eines Rechtsanwalts) ersetzt werden. Das gilt im Übrigen auch für das Verfahren vor der Arbeitsgerichtsbarkeit und vor den Verwaltungsgerichten. Auch im sozialrechtlichen Widerspruchsverfahren sind diese Kosten zu ersetzen, wenn der Widerspruch erfolgreich war.

Gegen eine Entscheidung der Familienkasse kann Einspruch eingelegt werden. Die Familienkasse überprüft die Entscheidung dann nochmals. Der Einspruch muss fristgerecht innerhalb eines Monats nach Bekanntgabe der Entscheidung schriftlich bei der Familienkasse eingereicht werden. Er kann auch persönlich zur Niederschrift erklärt werden. Das Einspruchsverfahren ist kostenfrei. Wird dem Einspruch nicht oder nur teilweise abgeholfen, ergeht eine Einspruchsentscheidung. Gegen diese kann Klage vor dem Sozialgericht erhoben werden. Dies ist allerdings kostenpflichtig. Die Klage muss innerhalb eines Monats nach Bekanntgabe der Einspruchsentscheidung erhoben werden.

Interessen gegenüber dem Kindesvater

Sofern der Status einer Frau sich von „werdender" zu „allein erziehender" Mutter verändert hat, ergibt sich hier ein Anspruch auf Unterhalt für das Kind gegen den leiblichen Vater.

Oftmals ist die Durchsetzung von Unterhaltsansprüchen gegen den Kindesvater mit erheblichen Schwierigkeiten verbunden. Ursachen dafür können die mangelnde Leistungsfähigkeit oder schlicht die Zahlungsunwilligkeit des Kindesvaters sein.

Hier setzt der Unterhaltsvorschuss als staatliche Sozialleistung an. Er wird durch die örtlichen Jugendämter gewährt, wenn der Unterhalt vom Verpflichteten nicht, nicht regelmäßig oder in zu geringer Höhe geleistet wird.

Der Unterhaltsvorschuss unterliegt zeitlichen Restriktionen und wird höchstens für 72 Monate, jedoch nur bis zur Vollendung des 12. Lebensjahres eines Kindes gewährt. Dies gilt auch, wenn die Höchstleistungsdauer nicht voll ausgeschöpft wurde.

Die Höhe des Unterhaltsvorschusses richtet sich grundsätzlich nach dem Alter eines Kindes. Es wird hier nach zwei Altersklassen mit verschiedenen Ansprüchen unterschieden.

Seit 01.01.2016 ergeben sich folgende monatliche Beträge für den Unterhaltsvorschuss (bei gleichzeitigem Kindergeldanspruch):

- Für Kinder bis zum 6. Geburtstag: 335 Euro
- Für Kinder bis zum 12. Geburtstag: 384 Euro

Liegen die Anspruchsvoraussetzungen nur für einen Teil des Monats vor, wird die Unterhaltsleistung anteilig gezahlt.

Hilfreiche Adressen

Elterngeldstellen 166
Aufsichtsbehörden der Länder 180

Elterngeldstellen

Für die Durchführung des Bundeselterngeld- und Elternzeitgesetzes sind die Länder zuständig. Sie haben die Elterngeldstellen unterschiedlichen Behörden zugeordnet.

Baden-Württemberg

Landeskreditbank Baden-Württemberg
Familienförderung
Schlossplatz 10
76113 Karlsruhe
E-Mail: familienfoerderung@l-bank.de
www.l-bank.de

Bayern

Zentrum Bayern Familie und Soziales (ZBFS)

Region Mittelfranken
Bärenschanzstraße 8c
90429 Nürnberg
E-Mail: poststelle.mfr@zbfs.bayern.de

Region Niederbayern
Friedhofstraße 7
84028 Landshut
E-Mail: poststelle.ndb@zbfs.bayern.de

Region Oberbayern
Die Anträge aus der Region Oberbayern werden je nach Geburtstag des Kindes in folgenden Dienststellen bearbeitet:

Geburtstag des Kindes: 1. bis 5. eines Monats
Gebrüder-Netzsch-Straße 19
95100 Selb
E-Mail: poststelle.ofr-selb@zbfs.bayern.de

Geburtstag des Kindes: 6. bis 10. eines Monats
Landshuter Straße 55
93053 Regensburg
E-Mail: poststelle.opf@zbfs.bayern.de

Elterngeldstellen

Geburtstag des Kindes: 11. bis 31. eines Monats
Bayerstraße 32
80335 München
E-Mail: poststelle.obb@zbfs.bayern.de

Region Oberfranken
Hegelstraße 2
95447 Bayreuth
E-Mail: poststelle.ofr@zbfs.bayern.de

Region Oberpfalz
Landshuter Straße 55
93053 Regensburg
E-Mail: poststelle.opf@zbfs.bayern.de

Region Schwaben
Morellstraße 30
86159 Augsburg
E-Mail: poststelle.schw@zbfs.bayern.de

Region Unterfranken
Georg-Eydel-Straße 13
97082 Würzburg
E-Mail: poststelle.ufr@zbfs.bayern.de

Berlin

Die Bezirksämter (Jugendamt)
Zentrale Auskunft
Tel.: 030/115

Bezirksamt Berlin-Mitte
Karl-Marx-Allee 31
10178 Berlin
E-Mail: elterngeld@ba-mitte.berlin.de

Bezirksamt Friedrichshain-Kreuzberg
Frankfurter Allee 35–37
10247 Berlin
E-Mail: familienservicebuero@ba-fk.berlin.de

Hilfreiche Adressen

Bezirksamt Pankow
Berliner Allee 252–260
13088 Berlin
E-Mail: post.jugendamt@ba-pankow.berlin.de

Bezirksamt Charlottenburg-Wilmersdorf
Hohenzollerndamm 174–177
10713 Berlin
E-Mail: elterngeld@charlottenburg-wilmersdorf.de

Bezirksamt Spandau
Klosterstraße 36
13581 Berlin
E-Mail: elterngeld@ba-spandau.berlin.de

Bezirksamt Steglitz-Zehlendorf
Kirchstraße 1–3
14163 Berlin
E-Mail: bundeseltergeld@ba-sz.berlin.de

Bezirksamt Tempelhof-Schöneberg
Rathausstraße 27
12105 Berlin
E-Mail: elterngeld@ba-ts.berlin.de

Bezirksamt Neukölln
Rathaus Neukölln
Karl-Marx-Straße 83
12043 Berlin
E-Mail: elterngeld@bezirksamt-neukoelln.de

Bezirksamt Treptow-Köpenick
Zum großen Windkanal 4, Haus 9
12489 Berlin
E-Mail: jugfs7070@ba-tk.berlin.de

Bezirksamt Marzahn-Hellersdorf
Riesaer Straße 94
12627 Berlin
E-Mail: elterngeld@ba-mh.berlin.de

Elterngeldstellen

Bezirksamt Lichtenberg-Hohenschönhausen
Große-Leege-Straße 103
13055 Berlin
E-Mail: juginfo@lichtenberg.berlin.de

Bezirksamt Reinickendorf
Eichborndamm 215
13437 Berlin
E-Mail: elterngeld@reinickendorf.berlin.de

Brandenburg

Die Elterngeldstellen

Landkreis Barnim
Am Markt 1
16225 Eberswalde
E-Mail: elterngeld-bafoeg@kvbarnim.de

Landkreis Dahme-Spreewald
Beethovenweg 14
15907 Lübben
E-Mail: elterngeld@dahme-spreewald.de

Landkreis Elbe-Elster
Grochwitzer Straße 20
04916 Herzberg
Tel.: 0 353 5/4 60

Landkreis Havelland
Platz der Freiheit 1
14712 Rathenow
E-Mail: buergerservice@havelland.de

Landkreis Märkisch-Oderland
Puschkinplatz 12
15306 Seelow
E-Mail: elterngeld@landkreismol.de

Landkreis Oberhavel
A.-Dechert-Straße 1
16515 Oranienburg
E-Mail: FB-Soziales@oberhavel.de

Hilfreiche Adressen

Landkreis Oberspreewald-Lausitz
Dubinaweg 1
01968 Senftenberg
E-Mail: jugendamt@osl-online.de

Landkreis Oder-Spree
Breitscheidstraße 7
15848 Beeskow
E-Mail: elterngeld@l-os.de

Landkreis Ostprignitz-Ruppin
H.-Rau-Straße 27–30
16816 Neuruppin
Tel.: 0 33 91/68 80

Landkreis Potsdam-Mittelmark
Niemöllerstraße 1
14806 Bad Belzig
E-Mail: elterngeld@potsdam-mittelmark.de

Landkreis Prignitz
Berliner Straße 49
19348 Perleberg
Tel.: 0 38 76/71 30

Landkreis Spree-Neiße
Heinrich-Heine-Straße 1
03149 Forst/Lausitz
Tel.: 0 35 62/98 60

Landkreis Teltow-Fläming
Am Nuthefließ 2
14943 Luckenwalde
Tel.: 0 33 71/60 80

Landkreis Uckermark
Karl-Marx-Straße 1
17291 Prenzlau
E-Mail: sekretariat-jugendamt@uckermark.de

Elterngeldstellen

Stadt Brandenburg
Wiener Straße 1
14772 Brandenburg/Havel
E-Mail: elterngeld@stadt-brandenburg.de

Stadt Cottbus
Karl-Marx-Straße 67
03044 Cottbus
Tel.: 03 55/61 20

Stadt Frankfurt/Oder
Logenstraße 8
15230 Frankfurt/Oder
Tel.: 03 35/55 20

Stadt Potsdam
Friedrich-Ebert-Straße 79/81
14467 Potsdam
E-Mail: bundeselterngeld@rathaus.potsdam.de

Stadt Schwedt/Oder
Dr.-Theodor-Neubauer-Straße 5
16303 Schwedt/Oder
E-Mail: buergeranliegen.stadt@schwedt.de

Bremen

Stadtgebiet Bremen
Amt für Soziale Dienste
Rembertiring 39
28203 Bremen
Tel.: 04 21/36 19 43 00
E-Mail: sozialzentrum-mitte@afsd.bremen.de

Bremerhaven
Amt für Familie und Jugend
Hinrich-Schmalfeldt-Straße 40
27576 Bremerhaven
Tel.: 04 71/5 90 20 27

Hilfreiche Adressen

Hamburg

Die Bezirksämter
Tel.: 040/42 82 80 (verbindet mit allen Dienststellen)

Hamburg-Mitte
Kurt-Schumacher-Allee 4
20097 Hamburg
E-Mail: elterngeld@hamburg-mitte.hamburg.de

Altona
Alte Königstraße 29–39
22767 Hamburg
E-Mail: bezirksamt@altona.hamburg.de

Bergedorf
Weidenbaumsweg 21, Eingang C
21029 Hamburg
E-Mail: sdz-bergedorf@bergedorf.hamburg.de

Eimsbüttel
Grindelberg 62–66
20144 Hamburg
E-Mail: bezirksamt@eimsbuettel.hamburg.de

Hamburg-Nord
Kümmellstraße 7
20249 Hamburg
E-Mail: elterngeld-erziehungsgeld@hamburg-nord.hamburg.de

Harburg
Harburger Rathausforum 1
21073 Hamburg
E-Mail: elterngeld@harburg.hamburg.de

Wandsbek
Wandsbeker Allee 62
22041 Hamburg
E-Mail: elterngeld@wandsbek.hamburg.de

Hessen

Die Ämter für Versorgung und Soziales

Elterngeldstellen

Darmstadt
Schottener Weg 3
64289 Darmstadt
E-Mail: poststelle@havs-dar.hessen.de

Frankfurt
Walter-Möller-Platz 1
60439 Frankfurt/Main
E-Mail: post@havs-fra.hessen.de

Fulda
Washingtonallee 2
36041 Fulda
E-Mail: postmaster@havs-ful.hessen.de

Gießen
Südanlage 14a
35390 Gießen
E-Mail: postmaster@havs-gie.hessen.de

Kassel
Mündener Straße 4
34123 Kassel
E-Mail: poststelle@havs-kas.hessen.de

Wiesbaden
Mainzer Straße 35
65185 Wiesbaden
E-Mail: poststelle@havs-wie.hessen.de

Mecklenburg-Vorpommern

Landesamt für Gesundheit und Soziales Mecklenburg-Vorpommern
Abteilung Soziales/Versorgungsamt

Dezernat Neubrandenburg
An der Hochstraße 1
17036 Neubrandenburg
E-Mail: elterngeld.neubrandenburg@lagus.mv-regierung.de

Hilfreiche Adressen

Dezernat Rostock
Erich-Schlesinger-Straße 35
18059 Rostock
E-Mail: elterngeld.rostock@lagus.mv-regierung.de

Dezernat Schwerin
Friedrich-Engels-Straße 47
19061 Schwerin
E-Mail: elterngeld.schwerin@lagus.mv-regierung.de

Dezernat Stralsund
Frankendamm 17
18439 Stralsund
E-Mail: elterngeld.stralsund@lagus.mv-regierung.de

Niedersachsen

Zuständig für das Elterngeld sind in Niedersachsen die kreisfreien Städte, einige kreisangehörige Städte und Gemeinden, die Städte und Gemeinden der Region Hannover und die Landkreise.

Die für den Wohnort zuständige Elterngeldstelle kann im Internet aufgerufen werden unter: www. ms.niedersachsen.de (Suchbegriff: Elterngeldstelle)

Nordrhein-Westfalen

Zuständig für das Elterngeld sind in Nordrhein-Westfalen die Kreise und kreisfreien Städte. Die für Ihren Antrag zuständige Elterngeldstelle finden Sie unter: www.elterngeld.nrw.de

Rheinland-Pfalz

Zuständig für das Elterngeld sind in Rheinland-Pfalz die Jugendämter der Kreis- und Stadtverwaltungen. Die für Ihren Wohnort zuständige Elterngeldstelle finden Sie unter: www.elterngeld.net/elterngeldstellen/rheinland-pfalz.html

Elterngeldstellen

Saarland

Ministerium für Soziales, Gesundheit, Frauen und Familie
Elterngeldstelle
Hochstraße 67
66115 Saarbrücken
Tel.: 06 81/5 01 00
E-Mail: elterngeld@soziales.saarland.de
www.elterngeld.saarland.de

Sachsen

Zuständig sind die Landkreise und kreisfreien Städte.

Stadt Chemnitz
Abt. Soziale Leistungen/Elterngeld
Bahnhofstraße 53
09111 Chemnitz
E-Mail: soziale.leistungen@stadt-chemnitz.de

Landeshauptstadt Dresden
Jugendamt
Sachgebiet Elterngeld
Dr.-Külz-Ring 19
01067 Dresden
E-Mail: elterngeld@dresden.de

Stadt Leipzig
Rathaus Wahren
Georg-Schumann-Straße 357
04159 Leipzig
E-Mail: ja-51-24@leipzig.de

Landkreis Erzgebirgskreis
Sachgebiet Elterngeld
Uhlmannstraße 1–3
09366 Stollberg

Landkreis Mittelsachsen
Referat 3.1.1.2 – Elterngeld
Frauensteiner Straße 43
09599 Freiberg

Hilfreiche Adressen

Landkreis Vogtlandkreis
Sachgebiet IV, Elterngeld
Friedrich-Naumann-Straße 3
08209 Auerbach

Landkreis Zwickau
Jugendamt
Sachbereich Elterngeld
Königswalder Straße 18
08412 Werdau
E-Mail: wirtleistungen@landkreis-zwickau.de

Landkreis Bautzen
Sozialamt
Bahnhofstraße 9
02625 Bautzen
E-Mail: information@lra-bautzen.de

Landkreis Görlitz
Jugendamt
Robert-Koch-Straße 1
02906 Niesky
E-Mail: erziehungsgeld@kreis-gr.de

Landkreis Meißen
Kreissozialamt
Loosestraße 17/19 Haus A
01662 Meißen
E-Mail: kreissozialamt@kreis-meissen.de

Landkreis Leipzig
Sozialamt
Stauffenbergstraße 4
04552 Borna

Landkreis Nordsachsen
Jugendamt
Fr.-Naumann-Promenade 9
04758 Oschatz
E-Mail: info@lra-nordsachsen.de

Elterngeldstellen

Landkreis Sächsische Schweiz-Osterzgebirge
Abt. Soziale Leistungen/Elterngeld
Hüttenstraße 14
01705 Freital
E-Mail: elterngeld@landratsamt-pirna.de

Sachsen-Anhalt
Zuständig sind die Landkreise und kreisfreien Städte.

Landeshauptstadt Magdeburg
Sozial- und Wohnungsamt, Elterngeldstelle
Wilhelm-Höpfner-Ring 4
39116 Magdeburg
E-Mail: sozial-und-wohnungsamt@magdeburg.de

Stadt Dessau-Roßlau
Amt für Soziales und Integration, Elterngeldstelle
Zerbster Straße 4
06844 Dessau-Roßlau
E-Mail: elterngeldstelle@dessau-rosslau.de

Stadt Halle/Saale
Sozialamt, Elterngeldstelle
Hansering 20
06108 Halle/Saale
E-Mail: bundeselterngeld@halle.de

Altmarkkreis Salzwedel
Jugendamt
Karl-Marx-Straße 32
29410 Salzwedel
E-Mail: info@altmarktkreis-salzwedel.de

Landkreis Anhalt-Bitterfeld
Jugendamt, Elterngeldstelle
Am Flugplatz 1
06366 Köthen (Anhalt)
E-Mail: post@anhalt-bitterfeld.de

Hilfreiche Adressen

Landkreis Börde
Jugendamt, Elterngeldstelle
Farsleber Straße 19
39326 Wolmirstedt
E-Mail: jugend@boerdekreis.de

Burgenlandkreis
Jugendamt, Elterngeldstelle
Schönburger Straße 41
06618 Naumburg
E-Mail: jugendamt@blk.de

Landkreis Harz
Jugendamt, Elterngeldstelle
Kurtsstraße 13
38855 Wemige
E-Mail: bundeselterngeld@kreis-hz.de

Landkreis Jerichower Land
Jugendamt, Elterngeldstelle
In der alten Kaserne 4
39288 Burg
E-Mail: jugendamt@lkjl.de

Landkreis Mansfeld-Südharz
Jugendamt, Elterngeldstelle
Lindenallee 56
06295 Lutherstadt Eisleben
E-Mail: landkreis@mansfeldsuedharz.de

Landkreis Saalekreis
Jugendamt, Elterngeldstelle
Domplatz 9
06217 Merseburg
E-Mail: jugendamt-avu@saalekreis.de

Salzlandkreis
Jugendamt, Elterngeldstelle
Friedensallee 25
06406 Bernburg (Saale)
E-Mail: beeg@kreis-slk.de

Elterngeldstellen

Landkreis Stendal
Jugendamt, Elterngeldstelle
Hospitalstraße 1–2
39576 Stendal
E-Mail: jugendamt@landkreis-stendal.de

Landkreis Wittenberg
Bürgerbüro, Elterngeldstelle
Breitscheidstraße 3
06886 Lutherstadt Wittenberg
E-Mail: information@landkreis-wittenberg.de

Schleswig-Holstein

Die Außenstellen des Landesamts für soziale Dienste Schleswig-Holstein

Lübeck
Große Burgstraße 4
23552 Lübeck
E-Mail: post.hl@lasd.landsh.de

Heide
Neue Anlage 9
25746 Heide
E-Mail: post.hei@lasd.landsh.de

Schleswig
Seminarweg 6
24837 Schleswig
E-Mail: post.sl@lasd.landsh.de

Kiel/Neumünster
Steinmetzstraße 1/11
24534 Neumünster
E-Mail: post.nms@lasd.landsh.de

Thüringen

Zuständig für das Elterngeld in Thüringen sind die Jugendämter der Landkreise und kreisfreien Städte. Die für den Antrag zuständige Stelle finden Sie unter: www.elterngeld.net/elterngeldantrag/thueringen.html

Hilfreiche Adressen

Aufsichtsbehörden der Länder

Bei Beschwerden in Ihrer Elterngeldangelegenheit, bei denen Ihre Elterngeldstelle nicht abhelfen konnte, können Sie sich an die folgenden Landesbehörden wenden:

Baden-Württemberg
Ministerium für Soziales und Integration
Baden-Württemberg
Else-Josenhans-Straße 6
70173 Stuttgart
Tel.: 07 11/1 23-0
www.sozialministerium-bw.de

Bayern
Zentrum Bayern Familie und Soziales
Hegelstraße 2
95447 Bayreuth
Tel.: 09 21/6 05-03,
Fax: 09 21/6 05-39 03
E-Mail: poststelle@zbfs.bayern.de
www.zbfs.bayern.de

Berlin
Die Fachaufsicht wird durch die für den Bereich Jugend zuständigen Bezirksstadträtinnen und Bezirksstadträte des Wohnbezirks ausgeübt. Daneben können Sie sich mit Ihren Anliegen auch wenden an die:
Senatsverwaltung für Bildung, Jugend und Familie
Bernhard-Weiß-Straße 6
10178 Berlin
Tel.: 0 30/9 02 27 50 50
www.Berlin.de/sen/bjf/

Brandenburg
Ministerium für Arbeit, Soziales, Gesundheit, Frauen und Familie des Landes Brandenburg
Henning-von-Tresckow-Straße 2/13
14467 Potsdam
Tel.: 03 31/86 6-0

Aufsichtsbehörden der Länder

Bremen
Die Senatorin für Soziales, Jugend, Frauen, Integration und Sport
Abteilung Junge Menschen und Familie, 400-41-2
Bahnhofsplatz 29
28195 Bremen
Tel.: 04 21/3 61 0
E-Mail: office@soziales.bremen.de

Hamburg
Behörde für Arbeit, Soziales, Familie und Integration der Freien Hansestadt Hamburg
Hamburger Straße 47
22083 Hamburg
Tel.: 0 40/4 28 63 0
www.hamburg.de/basfi/

Hessen
Regierungspräsidium Gießen Abt. VI Landesversorgungsamt Hessen
Landgraf-Philipp-Platz 1–7
35390 Gießen
Tel.: 06 41/30 30
E-Mail: rp-giessen@rpgi.hessen.de

Mecklenburg-Vorpommern
Landesamt für Gesundheit und Soziales Mecklenburg-Vorpommern Dezernat 40, Zentrale Aufgaben
Erich-Schlesinger-Straße 35
18059 Rostock
Tel.: 03 81/33 15 90 00
E-Mail: poststelle.zentral@lagus.mv-regierung.de

Niedersachsen
Niedersächsisches Ministerium für Soziales, Gesundheit und Gleichstellung
Hannah-Arendt-Platz 2
30159 Hannover
Tel.: 05 11/1 20-0
E-Mail: poststelle@ms.niedersachsen.de

Hilfreiche Adressen

Nordrhein-Westfalen
Bezirksregierung Münster Dezernat 28, Fachaufsicht BEEG
Albrecht-Thaer-Straße 9
48147 Münster
Tel.: 02 51/41 10

Rheinland-Pfalz
Landesamt für Soziales, Jugend und Versorgung Rheinland-Pfalz
– Landesjugendamt –
Rheinallee 97–101
55118 Mainz
Tel.: 0 61 31/9 67-0
E-Mail: poststelle-mz@lsjv.rlp.de

Saarland
Das Ministerium für Soziales, Gesundheit, Frauen und Familie
Franz-Josef-Röder-Straße 23
66119 Saarbrücken
Tel.: 06 81/5 01-00
www.saarland.de

Landkreis Sächsische Schweiz-Osterzgebirge
Abt. Soziale Leistungen/Elterngeld
Hüttenstraße 14
01705 Freital
Tel.: 0 35 01/5 15 22 60

Sachsen
Kommunaler Sozialverband Sachsen
– Außenstelle Chemnitz –
Reichsstraße 3
09112 Chemnitz
Tel.: 03 71/5 77-0
E-Mail: post@ksv-sachsen.de

Sachsen-Anhalt
Landesverwaltungsamt
Referat 602
Ernst-Kamieth-Straße 2
06112 Halle
Tel.: 03 45/5 14-0
E-Mail: poststelle@lvwa.sachsen-anhalt.de

Aufsichtsbehörden der Länder

Schleswig-Holstein
Landesamt für soziale Dienste
Schleswig-Holstein
Steinmetzstraße 1–11
24534 Neumünster
Tel.: 0 43 21/9 13-5
E-Mail: post.nms@lasd.landsh.de

Thüringen
Thüringer Landesverwaltungsamt
Karl-Liebknecht-Straße 4
98527 Suhl
Tel.: 03 61/57 33 15 200
E-Mail: poststelle.suhl@tlvwa.thueringen.de

Stichwortverzeichnis

Abmahnung 122
Abstammungsurkunde 57
Adoptionspflege 123
Adoptionsurkunde 65
Adoptiveltern 137
Adoptivkinder 65
Akkordarbeit 51
Aktenführung 157
Altersgrenze 154
Altersversorgung 46
Änderungskündigung 131
Angestellte 120
Anlernlinge 17
Anspruchsvoraussetzungen 107
Antragsformular 156
Antragsteller 113
Antragstellung 111
Anwärterbezüge 101, 110
Arbeiter 120
Arbeitgeberwechsel 123
Arbeitgeberzuschuss 54
Arbeitnehmerin 60
Arbeitsausfall 48, 49, 55
Arbeitsbedingungen 27
Arbeitseinkommen 86
Arbeitsentgelt 86
Arbeitsförderung 109
Arbeitsgericht 43, 162
Arbeitskampf 49
Arbeitskollege 23
Arbeitsleistung 48
Arbeitslose 61, 94
Arbeitslosengeld 89, 110
Arbeitslosengeld II 91, 96, 99, 110, 163
Arbeitslosenversicherung 92, 109, 151
Arbeitsrecht 14
Arbeitsschutz 14, 132
Arbeitsschutzbestimmungen 21
Arbeitsstätte 18
Arbeitsuchende 146
Arbeitsunfähigkeit 26
Arbeitsversäumnis 49, 55
Arbeitsvertrag 17
Arbeitszeit 130
Arzneimittel 60, 72, 146
Ärztliche Behandlung 146
Ärztliche Betreuung 68, 146
Assoziationsabkommen 150
Asylberechtigte 151
Atmungsorgane 79
Attest, ärztliches 24
Aufenthalt 150
Aufenthaltsberechtigung 103
Aufenthaltstitel 150
Aufhebungsvertrag 43
Aufklärung 158
Ausbildungsförderung 111
Ausbildungsplatz 152
Ausbildungsstelle 20
Ausbildungsverhältnis 20
Ausgestaltung 130
Ausgleichsquittung 43
Aushilfe 16
Auskunftspflicht 113
Ausland 18
Ausländer 150
Aussperrung 43
Auszubildende 17, 97, 120

Barunterhalt 154
Basiselterngeld 112
Bayern 114

Stichwortverzeichnis

Beamtin 21, 97
Bedarfsdauer 146
Beendigung 124
Behandlungspflege 75
Behinderte Frauen 93
Behinderung 153
Beitragssatzpauschalen 109
Beitragsstabilität 71
Bekleidung 146
Berechnungszeitraum 104
Berechtigtenbestimmung 154
Berücksichtigungszeiten 137, 140, 142
Berufsausbildung 99, 120, 130, 152
Berufsverbände 71
Beschäftigung, geringfügig 61
Beschäftigungsverbote 14, 24, 46, 48, 110
Beschäftigungsverhältnis 89
Bescheinigung 112, 123, 156
Besonderer Härtefall 124
Bestandsfälle 66
Betreuungsgeld 7
Betreuungsverhältnis 152
Betriebliche Sozialleistungen 45
Betriebsausgaben 17
Betriebsrat 24, 43, 129, 162
Beweiswert 25
Bezugsgröße 63
Bezugszeitraum 49
Bundesagentur für Arbeit 159
Bundesarbeitsgericht 162
Bundesebene 71
Bundesfreiwilligendienst 153
Bundesversicherungsamt 52, 120
Bundeswehr 18

Dienstbezüge 39, 110, 113
Dienstvorgesetzte 24
Durchschnittseinkommen 143

Durchschnittsverdienst 49

Ehegatten 98, 114
Eheliche Kinder 64
Ehepartner 160
Eheschließung 64
Ehrenbeamtin 21
Einigung 130
Einkommen 102, 105, 107, 108
Einkommensgrenze 114
Einspruch 158
Einspruchsentscheidung 164
Einspruchsverfahren 163
Einstellung 129
Einwohnermeldeamt 57
Eltern 138
Elterngeld 96
Elterngeld Plus 100, 112
Elterngeldstellen 107, 111, 113, 166
Elternteil 137, 154, 160
Elternzeit 56, 61, 118, 162
Empfängnis 43
Empfängniszeit 64
Empfehlung 22
Endziffer 160
Enkel 65
Entbindung 60, 71, 89
 – stationäre 73
Entbindungsheim 21
Entbindungspfleger 73
Entbindungsstation 112
Entbindungstag 52
Entbindungstermin 93
Entgeltersatzleistung 161
Entgeltfortzahlung 26, 48
Entgeltfortzahlungsgesetz 26
Entgeltpunkte 139, 142, 144
Entleiher 16
Entwicklungshelfer 97, 151

Stichwortverzeichnis

Entwicklungsstörungen 79
Erholungsurlaub 46
Ernährungshygieneberatung 78
Ersatztermine 20
Ersatzzeiten 142
Erstausstattung 146
Erwerbsminderung 93
Erwerbstätigkeit 102
Erziehungsgeld 96
Europäisches Sozialrecht 62
Existenzgrundlage 42

Familienangehörige 17, 63
Familienbuch 57
Familiengeld 111
Familienkasse 156, 159
Familienrecht 63
Familienstammbuch 120
Familienversicherte Frauen 52
Familienversicherung 61, 63
Familienwohnung 152
Fehlbildung 79
Fehlgeburt 40, 75
Fehlzeiten 39
Feiertagsarbeit 34, 37
Flüchtlinge 151
Forstwirtschaft 109
Fort- und Weiterbildung 120
Freiwillige Mitgliedschaft 89
Freiwilligendienst 152, 153
Freiwillig Versicherte 61
Fristversäumnis 122
Fruchtwasseruntersuchung 69
Früherkennungsuntersuchung 78
Frühgeburt 90

Geburt 136
Geburtenbuch 57
Geburtshaus 74
Geburtshilfe 70

Geburtsurkunde 57, 70, 113, 118, 156
Gefährdungen 20
Gefährdungsbeurteilung 20, 27
Gefährdungspotenzial 20
Geldinstitut 160
Geldleistung 20, 60
Gemeindeverwaltung 112
Gemeinsamer Bundesausschuss 70
Gesamtanspruch 158
Gesamtbruttoverdienst 50
Gesamteinkommen 63
Geschlechtsorgane 79
Geschwister 151
Geschwisterbonus 106
Gesundheitsbeeinträchtigung 27
Gesundheitspflege 78
Gesundheitsstörungen 69
Gewerbebetrieb 109
Gewerkschaft 43, 162
Gewinnermittlungszeiträume 104
Grenzgänger 19
Grundsicherung 146
Gutschrift 143

Handel 18
Handwerk 18
Harnweg 79
Härtefall 126
Hauptbeschäftigung 16
Hausentbindung 76
Hausfrauen 21
Hausgewerbetreibende 18
Haushaltsaufnahme 152
Haushaltshilfe 60, 76
Häusliche Gemeinschaft 64
Häusliche Pflege 60, 74, 146
Hausmeister 17
Hausschneiderin 16
Haut 79

Stichwortverzeichnis

Hebammenhilfe 68, 146
Hebammenpraxis 73
Heilmittel 60, 72, 146
Heimarbeit 88
Heimarbeiterin 14, 18, 42, 120
Heirat 153
Herz/Kreislauf 79
Hilfen zur Gesundheit 146
Hilfsmittel 82
Höchstgrenzen 113
Hörstörung 80

Impfstatus 78
Industrie 18
Inobhutnahme 123
Insolvenz 56

Jahresarbeitsentgeltgrenze 19, 61, 66, 88
Jahressonderleistung 39
Jubiläumsgaben 45
Jugendamt 120, 158
Jugendfreiwilligendienst 153

Kariesrisiko 78
Keimzahlsenkung 78
Kieferkrankheiten 78
Kinder 64
Kindergeld 111
Kindergeldnummer 159
Kindergeldzuschlag 111
Kinderlose 56
Kinderpflege 78
Kinderuntersuchungen 78
Kinderzulage 155
Kinderzuschlag 147
Kindesvater 125, 164
Kindeswohl 102
Klage 130, 162
Konsulat 18

Konto 113
Krankenbezüge 39
Krankengeld 86, 92
Krankenhaus 73, 112
Krankenkasse, gesetzliche 112
Krankenlohn 48
Krankenschwestern 16
Krankenversicherung 109
Krankenversicherungsunternehmen 66
Krankheit 98
Krankheitsfall 93
Kündigungsgründe 55
Kündigungsschutz 20, 42, 100, 130, 132
Künstlerin 93
Kurzarbeit 49, 55

Landeserziehungsgeld 114
Landwirtschaft 18, 109
Landwirtschaftliche Betriebshilfe 78
Landwirtschaftliche Krankenversicherung 60
Lebensbescheinigung 57
Lebenspartner 64, 98, 114
Leibliche Eltern 137
Leiharbeitsverhältnis 16
Leistungserbringer 71
Leistungsfähigkeit 48
Leistungsverbesserungsgesetz 136
Lohnbemessung 50
Lohnkosten 17

Medizinalassistentin 18
Mehrarbeit 34
Mehrbedarf 146
Mehrlingsgeburt 90, 96, 139, 141
Mehrlingszuschlag 101
Mindestbetrag 101

Stichwortverzeichnis

Mindestgeschwisterbonus 101
Mini-Job 16
Mitteilung der Schwangerschaft 21
Mitteilungsfrist 42
Mittelbares Arbeitsverhältnis 17
Mitwirkungspflichten 156
Monatsdurchschnitt 101
Mundhygieneberatung 78
Mundkrankheiten 78
Muskulatur 79
Müttergenesungswerk 83
Mütterrente 137
Mutterschaftsgeld 19, 26, 43, 48, 52, 60, 86, 88, 102, 110, 113
– Zuschuss 19
Mutterschaftsleistungen 101
Mutterschutzfrist 131, 152
Mutterschutzgesetz 14
Mutterschutzlohn 19, 48
Mutterschutzrecht 8
Mutter-/Vater-Kind-Maßnahmen 82
Mutwillenskosten 163

Nachtarbeit 34, 36
Nachtarbeitsverbot 36
Nachweisführung 57
Nervensystem 79
Nettoarbeitsentgelt 86
Neugeborene 73
Neugeborenenperiode 79
Nicht-Arbeitnehmerin 92
Nichteheliche Kinder 64
Niederlassungserlaubnis 97, 150
Nieren 79

Obhutsverhältnis 152
Online-Formularservice 156
Ordnungswidrigkeit 39

Originalurkunden 157

Papierunterlagen 157
Partner 64
Partnermonate 101
Partnerschaftsbonus 100
Personalabteilung 24
Personalrat 24, 43, 129, 162
Personenstandsrecht 63
Pfändung 158
Pflegebedürftigkeit 83
Pflegeeltern 137
Pflegekind 66, 151
Pflegeversicherung 109
Pflichtbeitragszeiten 140
Pflichtmitgliedschaft 88
Praktikantin 18
Praktikum 20
Privatpflege 16
Probearbeitsverhältnis 16
Prüfungen 20
Publizistin 93

Qualitätssicherung 71

Rahmenvereinbarung 79
Rechtsanwalt 43, 163
Rechtsberatungsstellen 43
Rechtsverfolgungskosten 163
Rechtsweg 72
Regress 72
Rehabilitation 83
Rehabilitationsleistungen 83
Reinemachefrauen 17
Rentenansprüche 143
Rentenantragsverfahren 143
Rentenanwartschaften 143
Rentenhöhe 142
Rentenversicherung 109
Rentenwert 140

Stichwortverzeichnis

Rentnerin 60
Resturlaub 46
Revision 162
Risikogeburt 69
Risikoschwangerschaft 69
Röntgenschutz 21

Sachleistungen 60
Sachsen 115
Sachverhalt 158
Satzung 71
Schaden 72
Schadensersatz 22
Schmelzhärtung 78
Schülerin 20, 97
Schutzbedürftigkeit 21
Schutzfrist 39, 40, 41, 52, 89, 120, 121
Schutzpflichten 21
Schwangerenvorsorge 60
Schwangerschaft 109, 131
Schwangerschaftsbeschwerden 70
Schwerbehinderte Frauen 19
Schwerbehinderung 98
Selbstständige 97
Selbstständigkeit, hauptberufliche 63
Sinnesorgane 79
Skelett 79
Sonntagsarbeit 34, 37
Sozialabgaben 108, 109
Sozialämter 158
Sozialgericht 163
Sozialgerichtsbarkeit 72
Sozialhilfe 99, 111, 146
Sozialleistungen 110
Sozialversicherungsabkommen 62, 63
Sozialversicherungspflicht 16
Sperrzeit 89

Spontangeburt 74
Staatsangehörige 150
Staatsangehörigkeit 97
Standesamt 57, 113
Stationäre Einrichtung 146
Stationierungsstreitkräfte 18
Steuer 108
Stiefeltern 137
Stiefkind 65, 151
Stillzeit 33
Stoffwechseldefekte 80
Stoffwechselstörungen 79
Strafgefangene 21
Strahlenschutz 21
Streitigkeiten 72
Studentin 20, 61

Tagespflege 99
Tarifvertrag 39
Tätigkeit, selbstständige 45
Teilkindergeld 155
Teilzeitarbeit 56, 97, 98, 110, 131
Teilzeitbeschäftigung 16, 49, 127
Thüringen 115
Tod 98
Treueprämien 45

Übergangszeit 152
Ultraschalldiagnostik 69
Umschülerin 17
Umschulung 120
Umsetzung 24
Unfallversicherung 155
Unselbstständigkeit 19
Unständige Beschäftigung 16
Unterbrechung 123, 130
Unterhalt 153
Unterhaltsansprüche 158
Unterhaltsleistung 166
Unterhaltspflicht 65

Stichwortverzeichnis

Unterhaltsprozess 65
Unterhaltsverpflichtungen 111
Unterhaltsvorschuss 164
Unterkunft 83
Urkunden 156
Urlaubsansprüche 46
Urlaubsvergütung 39

Väter 137
Vater-Kind-Maßnahmen 82
Vaterschaft 64, 98
Veranlagungszeitraum 104
Verbandmittel 60, 72, 146
Verdauungsorgane 79
Verdienstbescheinigung 90, 113
Verdiensteinbußen 14
Verdienstkürzung 49
Verdienstminderung 49, 51
Vergütungsabrechnung 71
Vergütungsregelung 39
Verhaltensstörungen 79
Verlängerung 124
Verleiher 16
Verlobte 64
Verschlimmerung 82
Versicherungspflichtverhältnis 151
Versorgungsbezüge 160
Verträge 71
Vertragspartner 71
Verwaltungsgericht 162, 163
Verwandte 98

Vitaminosen 79
Vollzeitbeschäftigung 103
Volontärin 17
Vorarbeiter 23
Vormonat 155
Vormundschaftsgericht 65
Vorsorgeeinrichtung 83
Vorsorgemaßnahmen 69
Vorsorgeuntersuchungen 68

Wartezeit 140, 142
Weihnachtsgeld 55, 94
Weihnachtsgratifikation 89
Werkfürsorge 24
Werksarzt 25
Werksbeurlaubungen 49
Widerspruchsverfahren 163
Wohngeld 111
Wohnsitz 150

Zählkinder 154
Zahlvaterschaft 65
Zahnkrankheiten 78
Zeugnis, ärztliches 92
Zurechnungszeiten 142
Zuschlag 56
Zuschüsse 110
Zustimmung 123, 125, 126
Zustimmungserklärung 118
Zuzahlungen 72
Zwangspause 152